物联网与人工智能应用开发丛书

AUTOSAR MCAL 的原理与实践

工业和信息化部人才交流中心
恩智浦（中国）管理有限公司　编著

电子工业出版社
Publishing House of Electronics Industry
北京 · BEIJING

内 容 简 介

本书主要介绍 AUTOSAR MCAL 的基本原理与实践，简述 AUTOSAR 这一汽车软件架构的相关标准。本书期望能给相关应用设计的入门者提供一些参考，以利于后续对技术的深入研究，帮助读者全面、深入地了解 AUTOSAR MCAL 的架构和工作原理，以及熟悉并掌握基于 AUTOSAR MCAL 的快速开发流程，提高软件的开发效率，缩短产品开发周期。

图书在版编目（CIP）数据

AUTOSAR MCAL 的原理与实践/工业和信息化部人才交流中心，恩智浦（中国）管理有限公司编著．—北京：电子工业出版社，2018.11
（物联网与人工智能应用开发丛书）
ISBN 978-7-121-34908-9

I. ①A… II. ①工… ②恩… III. ①汽车－电子系统－应用软件 IV. ①U463.6

中国版本图书馆 CIP 数据核字（2018）第 188182 号

策划编辑：徐蔷薇
责任编辑：李 敏　　特约编辑：刘广钦　刘红涛
印　　刷：天津千鹤文化传播有限公司
装　　订：天津千鹤文化传播有限公司
出版发行：电子工业出版社
　　　　　北京市海淀区万寿路 173 信箱　　邮编：100036
开　　本：720×1000　1/16　印张：15.25　字数：288 千字
版　　次：2018 年 11 月第 1 版
印　　次：2018 年 11 月第 1 次印刷
定　　价：59.00 元

物联网与人工智能应用开发丛书
指导委员会

《AUTOSAR MCAL 的原理与实践》
作　者

黄　熙　胡恩伟　张剑龙

物联网与人工智能应用开发丛书

总　策　划：任　霞

秘　书　组：陈　劼　　刘庆瑜　　徐蔷薇

序 一

中国经济已经由高速增长阶段转向高质量发展阶段，正处在转变发展方式、优化经济结构、转换增长动力的攻关期。习近平总书记在党的十九大报告中明确指出，主动参与和推动经济全球化进程，发展更高层次的开放型经济，不断壮大我国的经济实力和综合国力。

对于我国的集成电路产业来说，当前正是一个实现产业跨越式发展的重要战略机遇期，前景十分光明，挑战也十分严峻。在政策层面，2014年《国家集成电路产业发展推进纲要》发布，提出到2030年产业链主要环节达到国际先进水平，实现跨越式发展的目标；2015年，国务院提出的中国智能制造发展战略中，将集成电路产业列为重点领域；2016年，国务院颁布《"十三五"国家信息化规划》，提出构建现代信息技术和产业生态体系，推进核心技术超越工程，其中集成电路被放在了首位。在技术层面，目前全球集成电路产业已进入重大调整变革期，中国集成电路技术创新能力和中高端芯片供给水平正在提升，中国企业设计、封测水平正在加快迈向第一阵营。在应用层面，5G 移动通信、物联网、人工智能等技术逐步成熟，各类智能终端、物联网、汽车电子及工业控制领域的需求将推动集成电路产业的稳步增长，因此集成电路产业将成为这些产品创新发展的战略制高点。

"十三五"期间，中国集成电路产业必将迎来重大发展，特别是加快建设制造强国，加快发展先进制造业，推动互联网、大数据、人工智能和实体经济深度融合等理念的提出，给集成电路产业发展开拓了新的发展空间，使得集成电路产业由技术驱动模式转化为需求和效率优先模式。在这样的大背景下，通过高层次的全球合作来促进我国国内集成电路产业的崛起，将成为我们发展集成电路的一个重要抓手。

在推进集成电路产业发展的过程中，建立创新体系、构建产业竞争力，最终都要落实在人才上。人才培养是集成电路产业发展的一个核心组成部分，我们的政府、企业、科研和出版单位对此都承担着重要的责任和义务。所以我们非常支持工业和信息化部人才交流中心、恩智浦（中国）管理有限公司、电子工业出版社共同组织出版这套"物联网与人工智能应用开发丛书"。这套丛书集中了众多一线工程师和技术人员的集体智慧和经验，并且经过了行业专家、学者的反复论证。我希望广大读者可以将这套丛书作为日常工作中的一套工具书，指导应用开发工作，还能够以这套丛书为基础，从应用角度对我们未来产业的发展进行探索，并与中国的发展特色紧密结合，服务中国集成电路产业的转型升级。

工业和信息化部电子信息司司长

2018 年 1 月

序　二

随着摩尔定律逐步逼近极限，以及云计算、大数据、物联网、人工智能、5G 等新兴应用领域的兴起，其细分领域竞争格局加快重塑，围绕资金、技术、产品、人才等全方位的竞争加剧，当前全球集成电路产业进入了发展的重大转型期和变革期。

自 2014 年《国家集成电路产业发展推进纲要》发布以来，随着"中国制造 2025""互联网+"和大数据等国家战略的深入推进，国内集成电路市场需求规模进一步扩大，产业发展空间进一步增大，发展环境进一步优化。在市场需求拉动和国家相关政策的支持下，我国集成电路产业继续保持平稳快速、稳中有进的发展态势，产业规模稳步增长，技术水平持续提升，资本运作渐趋活跃，国际合作层次不断提升。

集成电路产业是一个高度全球化的产业，发展集成电路需要强调自主创新，也要强调开放与国际合作，中国不可能关起门来发展集成电路。

集成电路产业的发展需要知识的不断更新。这一点随着云计算、大数据、物联网、人工智能、5G 等新业务、新平台的不断出现，已经显得越来越重要、越来越迫切。由工业和信息化部人才交流中心、恩智浦（中国）管理有限公司与电子工业出版社共同组织编写的"物联网与人工智能应用开发丛书"，是我们产业开展国际知识交流与合作的一次有益尝试。我们希望看到更多国内外企业持续为我国集成电路产业的人才培养和知识更新提供有效的支撑，通过各方的共同努力，真正实现中国集成电路产业的跨越式发展。

丁文武

2018 年 1 月

序 三

尽管有些人认为全球集成电路产业已经迈入成熟期，但随着新兴产业的崛起，集成电路技术还将继续演进，并长期扮演核心关键角色。事实上，到现在为止还没有出现集成电路的替代技术。

中国已经成为全球最大的集成电路市场，产业布局基本合理，各领域进步明显。2016 年，中国集成电路产业出现了三个里程碑式事件：第一，中国集成电路产业第一次实现制造、设计、封测三个领域的销售规模均超过 1000 亿元，改变了多年来总是封测领头、设计和制造跟随的局面；第二，设计业超过封测业成为集成电路产业最大的组成部分，这是中国集成电路产业向好发展的重要信号；第三，中国集成电路制造业增速首次超过设计业和封测业，增速最快。随着中国经济的增长，中国集成电路产业的发展也将继续保持良好态势。未来，中国将保持世界电子产品生产大国的地位，对集成电路的需求还会维持在高位。与此同时，我们也必须认识到，国内集成电路的自给率不高，在很长一段时间内对外依存度仍会停留在较高水平。

我们要充分利用当前物联网、人工智能、大数据、云计算加速发展的契机，实现我国集成电路产业的跨越式发展，一是要对自己的发展有清醒的认识；二是要保持足够的定力，不忘初心、下定决心；三是要紧紧围绕产品，以产品为中心，高端通用芯片必须面向主战场。

产业要发展，人才是决定性因素。目前，我国集成电路产业的人才情况不容乐观，人才缺口很大，人才数量和质量均需要大幅度提升。与市场、资本相比，人才的缺失是中国集成电路产业面临的最大变量。人才的成长来自知识的更新和经验的积累。我国一直强调产学研结合、全价值链推动产业发展，加强企业、研究机构、学校之间的交流合作，对于集成电路产业的人才培养和知识更新有非常正面的促进作用。由工业和信息化部人才交流中心、恩智浦（中国）管理有限公司与电子工业出版社共同组织编写的这套"物联网与人工智能应用开发丛书"，内容涉及安全应用与微控制器固件开发、电机控制与 USB 技术应用、车联网与电动汽车电池管理系统、汽车控制技术应用等物联网与人工智能应用开发的多个方面，对于专业技术人员的实际工作具有很强的指导价值。我对参与丛书编写的专家、学者和工程师们表示感谢，并衷心希望能够有越来越多的国际优秀企业参与到我国集成电路产业发展的大潮中来，实现全球技术与经验和中国市场需求的融合，支持我国产业的长期可持续发展。

魏少军　教授

清华大学微电子所所长

2018 年 1 月

序　四

千里之行　始于足下

人工智能与物联网、大数据的完美结合，正在成为未来十年新一轮科技与产业革命的主旋律。随之而来的各个行业对计算、控制、连接、存储及安全功能的强劲需求，也再次把半导体集成电路产业推向了中国乃至全球经济的风口浪尖。

历次产业革命所带来的冲击往往是颠覆性的改变。当我们正为目不暇接的电子信息技术创新的风起云涌而喝彩，为庞大的产业资金在政府和金融机构的热推下，正以前所未有的规模和速度投入集成电路行业而惊叹的同时，不少业界有识之士已经敏锐地意识到，构成并驱动即将到来的智能化社会的每个电子系统、功能模块、底层软件乃至检测技术都面临着巨大的量变与质变。毫无疑问，一个以集成电路和相应软件为核心的电子信息系统的深入而全面的更新换代浪潮正在向我们涌来。

　　如此的产业巨变不仅引发了人工智能在不远的将来是否会取代人类工作的思考，更加现实而且紧迫的问题在于，我们每一个人的知识结构和理解能力能否跟得上这一轮技术革新的发展步伐？内容及架构更新相对缓慢的传统教材以及漫无边际的网络资料，是否足以为我们及时勾勒出物联网与人工智能应用的重点要素？在如今仅凭独到的商业模式和免费获取的流量，就可以瞬间增加企业市值的 IT 盛宴里，我们的工程师们需要静下心来思考在哪些方面练好基本功，才能在未来翻天覆地般的技术变革时代立于不败之地。

　　带着这些问题，我们在政府和国内众多知名院校的热心支持与合作下，精心选题，推敲琢磨，策划了这一套以物联网与人工智能的开发实践为主线，以集成电路核心器件及相应软件开发的最新应用为基础的科技系列丛书，以期对在人工智能新时代所面对的一些重要技术课题提出抛砖引玉式的线索和思路。

　　本套丛书的准备工作得到了工业和信息化部电子信息司刁石京司长，国家集成电路产业投资基金股份有限公司丁文武总裁，清华大学微电子所所长魏少军教授，工业和信息化部人才交流中心王希征主任、李宁副主任，电子工业出版社党委书记、社长王传臣的肯定与支持，恩智浦半导体公司的任霞女士、张伊雯女士、陈劼女士，以及恩智浦半导体各个产品技术部门的技术专家们为丛书的编写组织工作付出了大量的心血，电子工业出版社的董亚峰先生、徐蔷薇女士为丛书的编辑出版做了精心的规划。著书育人，功在后世，借此机会向他们表示衷心的感谢。

未来已来，新一代产业革命的大趋势把我们推上了又一程充满精彩和想象空间的科技之旅。在憧憬人工智能和物联网即将给整个人类社会带来的无限机遇和美好前景的同时，打好基础，不忘初心，用知识充实并走好脚下的每一步，又何尝不是一个主动迎接未来的良好途径？

郑力

写于 2018 年拉斯维加斯 CES 科技展会

前　言

随着汽车的逐渐普及，消费者对汽车的要求也越来越高，更高的安全性、经济环保性、舒适性和便捷性等，都是用户、汽车制造商和零部件开发商共同追求的目标。尤其是目前整个汽车行业正在如火如荼开展的自动驾驶、新能源和智能互联技术研究，给汽车电子的物联网和 AI 技术的发展带来巨大的推动力。而这就使得整个汽车电子系统变得越加复杂，具备更多更强的控制单元、更多更高速的数据传输功能等。

为应对复杂的电子系统设计，全球汽车制造商、部件供应商及其他电子、半导体和软件公司联合建立了汽车开放系统架构（AUTomotive Open System ARchitecture，AUTOSAR）。AUTOSAR 作为汽车电子软件开发的一个开放的、标准化的软件架构，目的在于解决汽车电子系统软件的交换与更新，并高效管理越来越复杂的汽车电子软件系统问题，在确保产品及服务质量的同时，降低汽车电子软件的开发成本，提高开发效率。

AUTOSAR 起源于欧洲，最初只应用于一些国际上较大的汽车制造厂，且应用的产品也相对比较有限，如发动机控制模块、车身控制模块、网关模块等。另外，汽车上大多数控制器功能相对比较简单，软件在整个汽车系统中所占比重不高，将一套软件移植到不同的硬件平台上相应也比较容易，因而 AUTOSAR 的应用相对比较少。但是，近几年随着技术的快速发展，越来越多的人工智能和物联网技术开始应用于汽车系统，如自动泊车、疲劳检测、车道检测报警、行人检测、车间通信、远程升级等。这些技术最大的特点就是软件算法十分复杂，软件是整个汽车系统的核心。此外，人工智能和物联网技术的迭代速度很快，对硬件的要求也不断提高，从而导致硬件的升级变更速度也在加快，这就要求开发人员所维护的软件算法可以很快地应用到不同的平台上，将工程师的精力从面向底层的开发中解放出来，而把更多的精力放在最核心的算法开发上。这样一来，AUTOSAR 技术就显得非常重要了。工程师们在通用的软件架构上进行软件开发，当平台升级时可以很方便地进行软件移植，从而大大提高了系统开发的效率。由此，AUTOSAR 开始成为汽车电子中的标准技术。

近年来，国内的各大汽车厂商、科研院校也越来越关注 AUTOSAR 带来的标准化的设计、开发、验证，但毕竟国内汽车电子技术起步较晚，对于 AUTOSAR 的技术积累较少，甚至相关的专业书籍都较少见到。考虑到 AUTOSAR 技术的发展前景和国内的现状，作者团队决定以此为主题编写本书，在书中展示自己的经验，期望能给入门者提供一些参考，以利于后续技术的深入研究。

然而，整个 AUTOSAR 是一个相对复杂的架构，它涉及硬件底层、硬件抽象层、协议栈、操作系统和应用层等，如果期望通过一本书系统、完整地介绍整个 AUTOSAR 架构，既不现实，作者团队也心有余而力不足。因此，本书主要介绍 AUTOSAR MCAL 的基本原理与实践，其中会简要阐述 AUTOSAR 这一汽车软件架构的相关标准。为了更好地通过实例讲解 AUTOSAR MCAL 的内容，本书将以恩智浦基于 ARM Cortex M4F 内核的 S32K144 MCU 为例，介绍 AUTOSAR 软件配置和编译环境的搭建及基于 AUTOSAR MCAL 的 S32K144 应用工程开发实例，目的在于帮助读者全面深入地了解 AUTOSAR MCAL 的架构和工作原理、熟悉并掌握基于 AUTOSAR MCAL 的快速开发流程，进而提高软件开发效率、缩短产品开发周期。

全书共 6 章，第 1 章和第 2 章由胡恩伟执笔，第 3 章由黄熙执笔，第 4 章、第 5 章由张剑龙执笔，第 6 章由胡恩伟和张剑龙共同执笔；全书由黄熙负责统稿。在此表示衷心的感谢。

另外，我们要感谢本系列丛书指导委员会及专家委员会的各位专家对本书大纲结构给予的宝贵建议，感谢在本书编写过程中给予指导和建议的老师和工程师同事们。

AUTOSAR 相对还是比较新的技术，在国内的应用案例也不多，而且整个架构是通过生态链中多个合作伙伴共同完成的，包括半导体厂商、AUTOSAR 软件厂商、汽车制造商和零部件供应商等。本书内容若有疏漏或不足，希望广大读者批评指正。

物联网与人工智能应用开发丛书

《AUTOSAR MCAL 的原理与实践》作者团队

2018 年 4 月

目　　录

第 1 章

AUTOSAR 的由来和发展历程

1.1 AUTOSAR 的基本概念

在汽车创新应用不断涌现的推动下，当代汽车电子电气（E/E——Electronic/Electrical）架构已经非常复杂，需要有创新的技术突破才能有效地进行管理，满足日益增长的乘客需求和法律要求。这个需求对汽车制造商及一级供应商（Tier 1）提出了严峻的挑战，他们面临着以下冲突：

- 法律法规执行方面——关键项目包括环境方面和安全要求；

- 舒适性和娱乐功能方面——乘客便利和个性化服务要求；

- 驾驶员辅助和自动驾驶方面——关键项目包括检测和抑制高密度交通环境中的关键动态车辆状态和导航等。

领先的汽车原始设备制造商（Car OEM）和一级供应商逐渐认识到这已经成为行业范围内的挑战，因而需要共同努力应对。他们的共同目标是奠定行业协作创新发展基础，同时打造一个继续鼓励功能创新和质量竞争的平台。为此，建立了一种称为汽车开放系统架构（AUTomotive Open Source ARchitecture，AUTOSAR）的开发合作伙伴关系，其目标如下。

- 标准化汽车电控单元（Electronic Control Unit，ECU）的基本软件功能。

- 提高不同车辆和平台变体的可扩展性。

- 实现 ECU 软件的可移植性。

- 支持不同的功能域。

- 给出开放式架构的定义。

- 支持各合作伙伴之间的合作。

- 开发高度可靠的系统。

- 支持适用的汽车国际标准和最先进的技术。

AUTOSAR 适用范围包括所有汽车电子应用领域（Vehicle Domains）。

AUTOSAR 将作为未来车辆应用实施的平台，并有助于最小化功能领域之间的障碍。因此，可以将功能和功能网络映射到系统中的不同控制节点，从而实现 ECU 功能与底层硬件平台的独立。

1.1.1　AUTOSAR 的建立背景

AUTOSAR 合作伙伴关系是 Car OEM 制造商和一级供应商的联盟，旨在共同开发和建立汽车 E/E 架构的开放行业标准，并将其作为未来汽车 ECU 应用程序中功能管理的基础设施和标准软件模块。AUTOSAR 的发展历程大致如下。

2002 年 8 月，宝马、博世、欧洲大陆、戴姆勒-克莱斯勒、大众汽车等就汽车行业的共同挑战和发展目标进行初步讨论，继西门子 VDO 之后，其他合作伙伴纷纷加入。

2002 年 11 月成立了联合技术小组，制定技术实施战略。核心合作伙伴之间的合作关系于 2003 年 7 月正式签约。福特汽车公司于 2003 年 11 月加入核心合作伙伴。标致雪铁龙汽车公司和丰田汽车公司于 2003 年 12 月加入核心合作伙伴。通用汽车公司在 2004 年 11 月成为核心合作伙伴。

2008 年 2 月，西门子 VDO 成为欧洲大陆电子（Continental）的一部分。从此，西门子 VDO 不再是 AUTOSAR 的独立核心合作伙伴。

1.1.2 AUTOSAR 建立的动机与目标

AUTOSAR 建立的动机如下。

- 降低与功能范围增长相关的 E/E 架构的复杂性。

- 提高产品修改、升级和更新的灵活性。

- 提高产品线内和跨产品线的解决方案的可扩展性。

- 提高 E/E 架构的质量和可靠性。

AUTOSAR 建立的最终目标如下。

- 满足未来汽车需求，如可用性和安全性，提高汽车软件升级、更新的灵活性、可维护性。

- 提高集成和传输功能的可扩展性和灵活性。

- 提供更高的"商品离岸"SW 和 HW 组件在产品线上的渗透率。

- 降低产品的封测过程的复杂性、风险性。

- 降低可扩展系统的成本。

1.1.3 AUTOSAR 的主要特征

AUTOSAR 具有如下主要特征。

1. 模块化和可配置性

- 定义汽车电子控制单元的分层基础软件架构，以便封装硬件依赖。

- 考虑硬件相关和硬件独立的软件模块。

- 实现不同供应商提供的基本软件模块的集成，增加功能重用。

- 在最终的软件连接过程中，使特定 E/E 架构内的功能软件组件的可转移性得以实现。

- 根据功能部署，实现每个 ECU 的软件基础设施的资源优化配置。

- 提高 E/E 架构在整个车辆产品系列范围内的可扩展性。

2．标准化接口

- 标准化不同的 API 来分离 AUTOSAR 软件层。

- 便于封装功能软件组件。

- 软件组件的数据类型定义。

- 软件基础设施基本软件模块接口标准化。

3．运行时环境（RTE）

- 在车辆网络的所有节点之间提供 ECU 间通信和 ECU 内通信。

- 位于功能 SW 组件和基本 SW 模块之间。

- 连接到 AUTOSAR RTE 的所有实体必须符合 AUTOSAR 规范。

- 可轻松集成客户特定功能的软件模块。

4．验收测试

标准化的测试规范，以测试应用程序和总线兼容性相关的基本软件和 RTE 实现。

1.2 AUTOSAR 技术概述

为了实现汽车 ECU 功能的模块化、可扩展性、可转移性和功能可重用性的技术目标，AUTOSAR 为所有车辆的汽车电子系统提供了一个通用的软件基础设施，基于不同层次的 AUTOSAR 标准接口如图 1-1 所示。

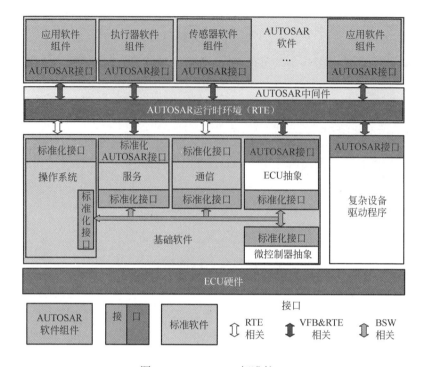

图 1-1　AUTOSAR 标准接口

AUTOSAR 启用配置过程优化（例如，分区和资源使用），并在必要时允许本地优化，以满足特定设备和硬件约束的运行时需求。

1. 模块化

汽车软件组件的模块化可以根据电子控制单元及其任务的个性化要求定制软件。

2. 可扩展性

功能的可扩展性确保了通用软件模块对不同车辆平台的适应性，以防止类似功能的软件扩散（Proliferation）。

3. 可移植性

功能的可移植性优化了车辆电子架构中可用资源的使用状况。

4．可重用性

功能的可重用性有助于提高产品质量和可靠性，并加强企业在产品线上的品牌形象。

5．标准化接口

标准化制造商和供应商之间的功能接口，以及不同软件层之间接口的标准化是实现 AUTOSAR 技术目标的基础。

图 1-2 所示为 AUTOSAR 方法简明示意，其中最基本的部分是 AUTOSAR 软件组件（SW-C）。

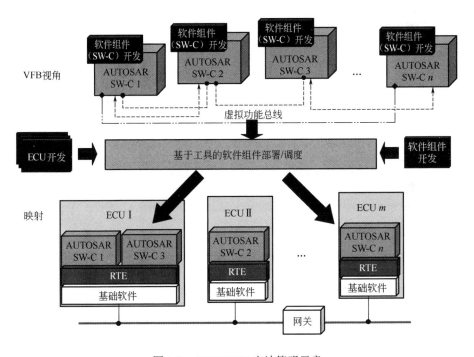

图 1-2　AUTOSAR 方法简明示意

AUTOSAR 软件组件封装了在 AUTOSAR 基础设施上运行的应用程序。AUTOSAR 软件组件具有明确的接口，它们通过 AUTOSAR 定义的标准交换格式进行描述，以便图形化配置工具自动生成功能实现程序源代码（C 语言或者汇编语言）。

6．软件组件描述

对于接口及 AUTOSAR 软件组件集成所需的其他方面，AUTOSAR 提供了标准描述格式，即软件组件描述。

7．虚拟功能总线（Virtual Functional Bus，VFB）

VFB 是 AUTOSAR 抽象层（技术独立级别）提供的基本软件的所有通信机制和基本接口的总和。当定义具体系统的 AUTOSAR 软件组件之间的连接时，VFB 将允许它们在早期开发阶段进行虚拟集成。

8．系统约束和 ECU 描述

为了将 AUTOSAR 软件组件集成到 ECU 中，AUTOSAR 提供了完整系统及单个 ECU 的资源和配置的描述格式。这些描述与软件组件说明无关。

9．在 ECU 上映射

AUTOSAR 定义了将各种描述信息合并在一起所需的方法和工具支持，以构建具体的 ECU 系统，特别包括每个 ECU 的运行时环境及基本软件的配置和生成。

10．运行时环境（Run Time Environment，RTE）

从 AUTOSAR 软件组件的角度看，运行时环境是 VFB 在特定 ECU 上的逻辑实现。然而，运行时环境通常尽可能地将此任务委托给基本软件。

11．基本软件（Basic Software，BSW）

基本软件提供 ECU 的基础设施功能。

1.2.1　软件组件

AUTOSAR 中的应用程序软件称为软件组件的自包含单元组织，可以正式地命名为 SwComponentTypes。

SwComponentTypes 封装了应用程序软件的功能和行为的实现，并且仅仅将公开的、定义好的连接点（称为 PortPrototypes）暴露给外部。

PortPrototypes 的特征在于所谓的 PortInterfaces，用于确定相应 PortPrototypes 的底层通信范例。PortInterfaces 支持以下通信范例：

● 基于数据（归结为发件者-接收者关系）；

● 基于操作（归结为客户端-服务器关系）；

● 基于模式（能够在各层次上创建与模式相关的软件）；

● 基于触发器（允许激活远程软件组件上的功能）。

对于 AUTOSAR 模型中的实际使用，PortPrototypes 的概念进一步专门化，使得特定种类的 PortPrototypes 可以表示：

● 请求（Request）服务或数据（在这种情况下，PortPrototypes 的概念专门化为 RPortPrototypes）；

● 提供（Provide）服务或数据（在这种情况下，PortPrototypes 的概念专门化为 PPortPrototypes）；

● 既提供又请求服务或数据（在这种情况下，PortPrototypes 的概念专门化为 PRPortPrototypes）。

SwComponentTypes 存在多种风格。理论上来说，这些风格中最突出的是 AtomicSwComponentTypes 和 CompositionSwComponentTypes。

CompositionSwComponentTypes 的目的是在概念层面创建（任意）复杂度更高的 SwComponentTypes 聚合。换句话说，虽然 CompositionSwComponentTypes 允许（子）系统抽象，但它们只是用于实现模型可伸缩性的架构元素。它们简单地组合现有的软件组件，从而在查看或设计逻辑软件架构时可以消除系统的复杂性。CompositionSwComponentTypes 的定义对

SwComponentTypes 与虚拟功能总线（Virtual Functional Bus，VFB）的交互方式没有影响。CompositionSwComponentTypes 不会为聚合的 SwComponentTypes 已经具备的功能添加其他新功能。

另外，顾名思义，AtomicSwComponentTypes 表示最小可能的粒度。与 CompositionSwComponentTypes 相反，AtomicSwComponentTypes 包含英文名称为 InternalBehavior 的所谓"内部行为"的描述。InternalBehavior 包含关于 AtomicSwComponentTypes 内部结构的详细描述、内部数据和执行单元 Runnable Entities），以及 AtomicSwComponentTypes 表面上 PortPrototypes 的内部结构之间的链接。换句话说，汽车应用软件的实际实现是通过 AtomicSwComponentTypes 的定义完成的。

在 AtomicSwComponentTypes 的复杂性方面，它们暴露 PortPrototypes 的数量或具体内部结构如何不受 AUTOSAR 中标准化的限制。

由 SwConnectors 互连的 3 个 AUTOSAR AtomicSwComponentTypes 组成的应用程序如图 1-3 所示。

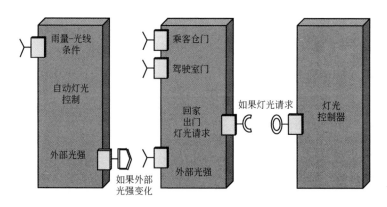

图 1-3 由 SwConnectors 互连的 3 个 AUTOSAR AtomicSwComponentTypes 组成的应用程序

1.2.2　虚拟功能总线

为了实现 ECU 功能可转移性的目标，AUTOSAR 为软件组件定义了分层的软件架构和形式化描述语言，以便这些组件可以独立于底层硬件实现。基于这种抽象，可以通过虚拟功能总线将这些组件组装、集成到虚拟 AUTOSAR 系统中，并验证软件组件之间通信关系的一致性。在车辆网络中，这种方法允许汽车制造商在产品开发周期的早期设计阶段分解其系统的复杂性。与传统开发过程相比，AUTOSAR 不仅简化了软件组件的交换过程，而且提供了一种方法来处理和管理越来越复杂的车辆系统。

1. 概念

虚拟功能总线是整个车辆的 AUTOSAR 软件组件互连的抽象。虚拟功能总线独立于任何底层硬件来指定不同软件组件之间，以及软件组件与其环境（如硬件驱动程序、OS、服务等）之间的通信，其架构如图 1-4 所示。虚拟功能总线的功能由明确定义的通信模式提供。

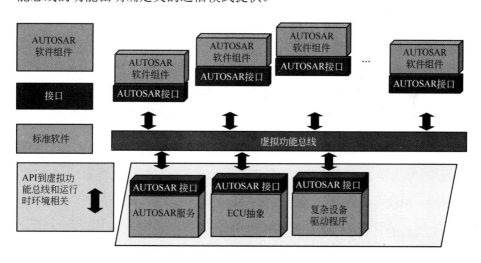

图 1-4　AUTOSAR 虚拟功能总线架构

服务和通信协议是基本软件的一部分。AUTOSAR 服务向虚拟功能总线的用户提供扩展功能，这和标准库能够为编程语言的用户添加扩展功能一样。为了对所有 AUTOSAR 软件组件重用此扩展功能，必须对 AUTOSAR 服务的接口进行标准化。

从虚拟功能总线的视角看，AUTOSAR 软件组件、复杂设备驱动程序、ECU 抽象和 AUTOSAR 服务可以互相连接。复杂设备驱动程序、ECU 抽象和 AUTOSAR 服务是基本软件的一部分；而 AUTOSAR 服务接口是标准化的，复杂设备驱动程序和 ECU 抽象是 ECU 特定的。

2. 组件、端口和 AUTOSAR 接口

AUTOSAR 的中心结构元素是组件——COMPONENT。组件具有明确定义的端口，通过端口可以与其他组件进行交互。端口始终属于一个组件。AUTOSAR 接口概念定义了组件端口提供或要求的服务或数据。最常用的 AUTOSAR 接口是客户端-服务器接口（定义可以调用的一组操作）和发送者-接收者接口，它们允许在虚拟功能总线上使用面向数据的通信机制。其他类型的接口允许以模式、非易失性或固定数据及触发进程等方式进行通信。

端口有 PPort 和 RPort 两种类型：PPort 提供了一个 AUTOSAR 接口，而 RPort 请求一个 AUTOSAR 接口。

在客户端-服务器通信的情况下：当组件的 PPort 提供 AUTOSAR 接口时，端口所属的组件提供客户端-服务器接口中定义的操作的实现；当组件的 RPort 请求 AUTOSAR 接口时，组件可以调用客户端-服务器接口中定义的操作。

在发送者-接收者通信的情况下：当组件的 PPort 提供接口时，端口所属的组件生成发送者-接收者接口中描述的数据；当组件的 RPort 需要 AUTOSAR 接口时，组件可以接收发送者-接收者接口描述的数据。

3. 通信

与 AUTOSAR 中端口和接口定义相对应，AUTOSAR 中各 ECU 之间的通信包括客户端-服务器通信和发送者-接收者通信两种模式。

1）客户端-服务器通信

在分布式系统中广泛使用的通信模式是客户端-服务器通信模式，其中，服务器是服务的提供者，客户端是服务的用户。客户端发起通信，请求服务

器执行服务，如有必要，还将同时传送参数集。服务器等待来自客户端的传入通信请求，执行所请求的服务，并对客户端的请求发送响应。发起方向用于分类 AUTOSAR 软件组件是客户端还是服务器。单个组件可以既是客户端又是服务器，具体取决于软件实现。

在发起服务请求直到接收到服务器响应期间，客户端可以被阻塞（同步通信）或非阻塞（异步通信）。图 1-5 举例说明了从虚拟功能总线角度看，如何建立 3 个软件组件和 2 个接口组合的客户端-服务器通信。

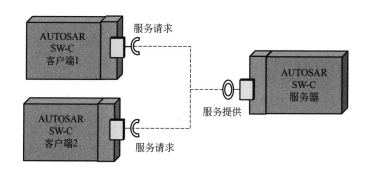

图 1-5　AUTOSAR 基于虚拟功能总线的客户端-服务器通信

2）发送者-接收者通信

发送者-接收者通信模式给出了信息的异步分发解决方案，其中发送者将信息分发给一个或多个接收者。发送者不被阻止（异步通信），也不期望收到接收者的响应（数据或控制流），即发送者只提供信息，接收者自主决定何时及如何使用该信息。通信基础设施的责任只是分发信息。

发送者组件不知道支持 AUTOSAR 软件组件交换和可转移性的接收者的身份或数量。图 1-6 举例说明了如何在 AUTOSAR 虚拟功能总线中建立发送者-接收者通信。

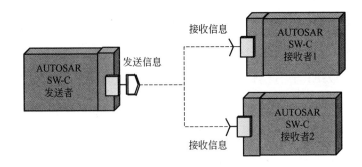

图 1-6　在 AUTOSAR 虚拟功能总线中建立发送者-接收者通信

1.3　ECU 软件架构

图 1-7 所示为 AUTOSAR 中 ECU 的软件架构。

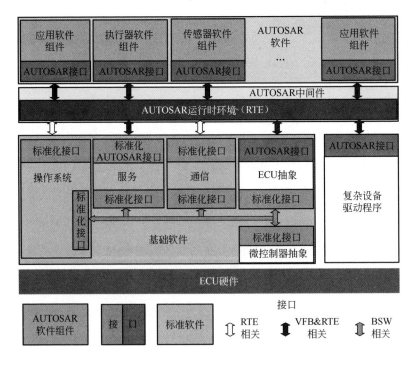

图 1-7　AUTOSAR 中 ECU 的软件架构

1. AUTOSAR 软件

AUTOSAR 软件 ［AUTOSAR 运行时环境（RTE）以上的层］ 由映射在 ECU 上的 AUTOSAR 软件组件组成。AUTOSAR 软件组件和其他软件组件之间的所有交互都是通过 AUTOSAR 运行时环境（Run Time Environment，RTE）进行的。AUTOSAR 接口确保了 AUTOSAR 运行时环境周围的软件元素的连接。

2. AUTOSAR 运行时环境（RTE）

在系统设计层面（无论硬件如何起草整个系统的逻辑视图），AUTOSAR 运行时环境都是 ECU 间信息交换的通信中心。

无论是 ECU 内部通信通道（如 CAN、LIN、FlexRay、MOST 等）还是 ECU 外部通信通道，RTE 都可以通过提供相同的接口和服务向 AUTOSAR 软件组件提供通信抽象。由于运行在 RTE 之上的软件组件的通信主要取决于具体应用，所以，需要定制 RTE——部分由 ECU 特定生成，部分通过配置生成。因此，所得到的 RTE 不同，ECU 之间也不同。

3. AUTOSAR 基本软件（BSW）

基本软件（Basic Software，BSW）是标准化软件层，为 AUTOSAR 软件组件提供服务，是运行软件功能部件所必需的。它不具有任何功能性的任务本身，并且位于 AUTOSAR 运行时环境之下。基本软件包含标准化和 ECU 特定模块。在早期 AUTOSAR 标准中，BSW 包括如下方面。

1）服务

服务包括诊断协议等系统服务及 NVRAM 管理等。

2）通信

通信包括通信框架（如 CAN、LIN、FlexRay …）及网络管理。

3）操作系统

由于 AUTOSAR 是针对所有车辆领域通用的架构，因而 AUTOSAR 操作系统有一些特定要求。AUTOSAR 操作系统的要求如下所示。

- 是否静态配置和缩放。

- 是否适合推理实时性能。

- 提供基于优先级的调度。

- 在运行时提供保护功能。

- 运行在低端控制器上，不需要外部资源。

AUTOSAR 允许在基本软件组件中包含专有操作系统。为了使这些基本软件组件的接口符合 AUTOSAR，专有操作系统必须被抽象为 AUTOSAR 操作系统。标准 OSEK OS（ISO 17356-3）可作为 AUTOSAR 操作系统的基础。

4）微控制器抽象

ECU 功能软件通过微控制器抽象层（Micro-Controller Abstract Layer，MCAL）访问硬件，这样就可以避免从更高级别的软件直接访问微控制器寄存器。

MCAL 是硬件特定的层，可以确保基本软件组件的标准接口。MCAL 管理微控制器的各种片上外设，并提供基本软件组件与微控制器无关的值。MCAL 通过通知机制，支持将命令、响应和信息分发到不同的进程。包括：

- 数字 I/O（DIO）；

- 模拟/数字转换器（ADC）；

- 脉宽调制器（PWM）；

- EEPROM（EEP）；

- Flash（FLS）；

- 输出比较单元（OCU）；

- 看门狗定时器（WDT）；

- 串行外设接口（SPI）；

- I^2C 总线（IIC）；

ECU 的具体组件如下。

- ECU 抽象。ECU 抽象提供了任何特定 ECU 的电气值的软件接口，以便将更高级别的软件与所有底层硬件依赖关系分离。

- 复杂设备驱动程序。复杂设备驱动程序（Complex Devices Driver，CDD）允许直接访问硬件，特别是对于资源关键型应用。

4．接口分类

在图 1-8 中显示了几种不同类型的接口，如"AUTOSAR 接口""标准化 AUTOSAR 接口"和"标准化接口"。请注意，这些接口框定义了不同模块的接口分类，即图中的接口框不应被视为单独的模块或层。

这些分类的语义如下。

1）AUTOSAR 接口

AUTOSAR 接口描述了组件需要或提供的数据和服务，并根据 AUTOSAR 接口定义语言来指定和实现。AUTOSAR 接口在 AUTOSAR 内部标准化，例如，它可能包括 OEM 具体规范。使用 AUTOSAR 接口允许软件组件分布在多个 ECU 之间。ECU 上的 RTE 将保证数据和服务的分发对于软件组件是透明的。

2）标准化 AUTOSAR 接口

标准化 AUTOSAR 接口是 AUTOSAR 接口，其语法和语义在 AUTOSAR 中是标准化的。标准化 AUTOSAR 接口有如下两种类型：

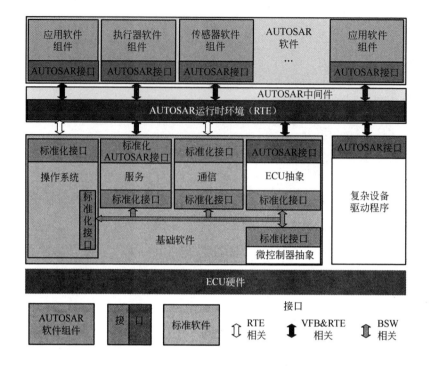

图 1-8　AUTOSAR 架构接口

- AUTOSAR 用于定义 AUTOSAR 服务的接口，AUTOSAR 服务是指由 AUTOSAR 基础软件提供给应用软件组件的标准化服务；
- AUTOSAR 从 AUTOSAR 应用程序接口派生的接口。

3）标准化接口

如果存在具体的标准化 API（例如，为两个基本软件模块之间的交互定义的功能），则软件接口称为标准化接口。

4）AUTOSAR 应用接口

一组由 AUTOSAR 标准化的蓝图，可用于创建应用程序的 AUTOSAR 接口。

1.4　AUTOSAR 方法论

图 1-9 所示为利用 AUTOSAR 技术构建汽车 ECU 系统的设计步骤。注意，这是一个信息流，而不是文件的说明。

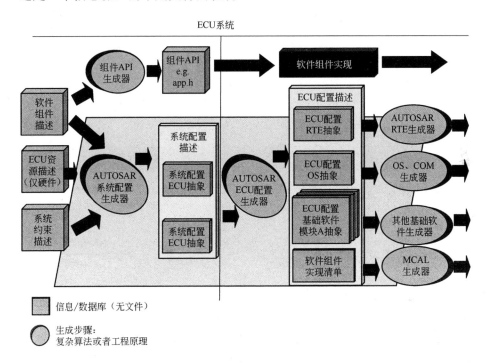

图 1-9　利用 AUTOSAR 技术构建汽车 ECU 系统的设计步骤

相关描述如下。

- 系统配置描述：包括所有系统信息和不同 ECU 之间必须商定的信息。

- 系统配置生成器：从软件组件、系统约束等系统配置描述中提取信息。

- ECU 配置生成器：从特定 ECU 所需的系统配置描述中提取信息。

- ECU 配置描述：包含特定 ECU 本地的所有基本软件配置信息。可执行软件可以由这些信息、基本软件模块的代码和软件组件的代码编译生成。

1.5 AUTOSAR 验收测试

AUTOSAR 验收测试规范（AUTOSAR Test Specification，ATS）是具有应用和总线接口的系统测试（ICC1）规范。

1.5.1 应用兼容性

AUTOSAR 根据用户需求配置自动生成的代码，需要通过测试规范保证其应用兼容性，具体测试对象包括：

- 影响应用程序的 RTE 要求（如工件、存在 API、行为等）；
- BSW 服务（如服务和行为的存在/兼容性等）；
- 库。

1.5.2 总线兼容性

AUTOSAR 生成的用于 ECU 组件间通信的总线功能软件是 ECU 应用功能可正常工作的主要保障，对 AUTOSAR 软件中总线的兼容性验收测试包括以下两个方面：

- 总线行为（如传输行为、总线关闭处理、状态管理）；
- 总线协议（如传输协议、网络管理、诊断通信）。

1.5.3 验收测试的目标

（1）AUTOSAR 验收测试的主要目标是尽量减少测试工作量和测试成本。ICC1 堆栈的标准验收测试规范可以通过以下方式为这一目标做出贡献。

① 通用测试开发和维护。

● 用户不需要指定和维护测试用例规范。

② 方法和可扩展性。提供了一种用户可以用它来进一步扩展标准测试套件的方法（例如，标准组合中未涵盖的标准功能或用户特定功能）。

③ 交换可靠的测试执行结果。

● 供应商和客户无须执行测试用例。

● 测试用例执行一次就可以传送给多个客户。

● 测试套件可用于多个堆栈实现。

整体测试过程中的验收测试流程如图 1-10 所示。

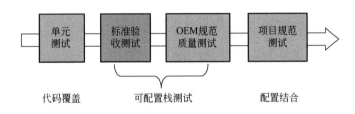

图 1-10　AUTOSAR 验收测试流程

（2）标准验收测试流程不会取代其他测试流程。

（3）标准验收测试不能完全取代测试套件进行堆叠认证。

1.6　AUTOSAR 组织架构

AUTOSAR 合作伙伴关系由以下机构组织。

1. 执行董事会

执行董事会的重点工作包括以下几个方面。

- 决定 AUTOSAR 合作伙伴关系的总体战略和路线图。

- 担任组织和行政管理的职位，如任命和撤销 AUTOSAR 合作组织的发言人、副发言人和项目负责人团队演讲者。

- 定义外部信息（网页发布、清除）。

2. 指导委员会

指导委员会的工作重点有以下几个方面。

- 管理合作伙伴的接纳，以及公共关系和合同问题。

- 协调 AUTOSAR 合作伙伴关系的非技术性日常运作。

- 建议对合作协议进行修改。

- 建议对合作伙伴的年度捐款进行更改。

- 认证高级合作伙伴、核心合作伙伴、开发合作伙伴和参与者。

3. 项目负责人团队

项目负责人团队的工作重点有以下几个方面。

- 预算框架内的项目计划、财务计划和预算。

- 流程规则制定并建立工作包。

- 在 AUTOSAR 开发合作中提供技术信息。

- 与核心合作伙伴共同决定对 AUTOSAR 发展有较大贡献的相关技术问题。

4. 工作包（Work Package）

工作包的主要功能包括以下几个方面。

- 指定 AUTOSAR 运行时环境，以在车辆网络的所有节点上提供 ECU 间通信和 ECU 内通信。

- 定义不同车辆领域的标准化接口。

- 定义并分析基础软件模块和汽车操作系统领域现有的解决方案。

- 定义用于描述车辆 E/E 系统架构的必要元素的数据交换格式。

每个工作包都由 AUTOSAR 合作伙伴公司组成，他们代表了来自各个汽车领域的合作伙伴的丰富知识和经验。

5. 用户组

在 AUTOSAR 中，AUTOSAR 用户组和外部用户组是有区别的。

- AUTOSAR 用户组是由 AUTOSAR 合作伙伴（CP、PP、DP 和 AP）创建的一个团队，以便根据已发布的 AUTOSAR 文档处理特定主题。其兴趣必须与 AUTOSAR 社区的讨论主题有相关性。

- AUTOSAR 外部用户组仅由 AUTOSAR 合作伙伴组成，但不由 AUTOSAR 管理。外部用户组专注于开发 AUTOSAR 标准。

1.6.1　AUTOSAR 管理委员会的主要功能

AUTOSAR 管理委员会的主要功能包括以下几个方面。

- 在所有组织和行政问题上支持 AUTOSAR 发展合作伙伴关系。

- 作为公众、合作伙伴应用程序等所有信息请求的主要联系人。

- 维护合作伙伴关系服务器和主页。

- 支持技术、质量、规格和工程管理流程。

1.6.2　AUTOSAR 主席

2017 年 1 月 1 日，AUTOSAR 合作伙伴关系将发言人的现有职责分为重新定义的发言人和主席的现有责任，重组其内部协调和对外沟通机构。

AUTOSAR 主席负责内部事务，任期为 9 个月，由副主席支持。

主席和副主席均为 AUTOSAR 指导委员会成员。

■ 1.6.3 AUTOSAR 发言人

2017 年 1 月 1 日，AUTOSAR 合作伙伴关系将发言人的现有职责分为重新定义的发言人和主席的现有责任，重组其内部协调和对外沟通机构。

AUTOSAR 发言人是专注于 AUTOSAR 合作伙伴关系的外部代表。

1.7 用户组

■ 1.7.1 AUTOSAR 用户组

AUTOSAR 用户组（UG）由 AUTOSAR 合作伙伴组成，以便根据已经发布的 AUTOSAR 标准处理特定主题。任何 AUTOSAR 合作伙伴都可以启动 AUTOSAR 用户组的设置，通常与 AUTOSAR 的其他有共同兴趣的合作伙伴一起。这类兴趣必须是 AUTOSAR 社区的一般性兴趣。

AUTOSAR 用户组的工作结果由 AUTOSAR 发布。

1. AUTOSAR 用户组

- 对所有类型的 AUTOSAR 合作伙伴开放，但必须至少有一名合作伙伴属于核心、高级或开发合作伙伴的成员。这确保了工作包和其他 AUTOSAR 董事会的接口。

- 自行同意会员捐款，自行管理。

- 受益于 AUTOSAR 基础设施，如电子邮件系统和文档管理的 SVN 访问。

- 可以通过用户组或核心合作伙伴的请求终止，以防集团不活动。

2. 活跃的 AUTOSAR 用户组

- AUTOSAR 北美用户组（UG-NA）。

- AUTOSAR 印度用户组（UG-IN）。

- AUTOSAR 中国用户组（UG-CN）。

- AUTOSAR 改进开发用户组（UG-IE）。

▪▪ 1.7.2　外部用户组

1. Artop

Artop 用户组是 AUTOSAR 标准的一组许可用户，对 AUTOSAR 兼容工具特别感兴趣。Artop 用户组的目的是推动 AUTOSAR 工具平台（Artop）的创建、演进、推广和支持，并培养 AUTOSAR 合作伙伴的活跃社区和互补产品生态系统。

AUTOSAR 工具平台是 AUTOSAR 开发工具的常用基础功能的实现。所有 AUTOSAR 合作伙伴均可免费获得 Artop，包括其源代码。

网址：http://www.artop.org。

2. COMASSO

COMASSO 提供了基于 AUTOSAR 规范的标准实现。通过在所有 AUTOSAR 合作伙伴及其分支机构开放的社区中实现 AUTOSAR BSW 的协同开发和应用，COMASSO 在中长期内显著增加了 AUTOSAR 标准的优势。

网址：https://www.comasso.org。

1.8 AUTOSAR 相关 FAQ

1. 什么是 AUTOSAR

AUTOSAR（AUTomotive Open System ARchitecture，汽车开放系统架构）是由来自电子、半导体和软件行业的汽车制造商、供应商和其他公司组成的全球开发合作联盟。自 2003 年以来，他们一直在为汽车行业的开发引入开放、标准化的软件架构。

2. 开发 AUTOSAR 的原因是什么

当前，硬件和软件组件驱动的开发过程越来越多地被需求和功能驱动的开发过程所取代。工程不仅旨在优化单一组件，而且旨在优化系统。这需要开放的架构，以及可扩展和可交换的软件模块。由于这些问题难以由个别公司处理，因而成为行业范围内的挑战，因此，在 AUTOSAR 开发合作过程中，领先的 OEM、供应商和工具供应商共同开展汽车 E/E 架构的开放标准。基本思想是复用（Re-use）软件组件，以便应对未来日益复杂的汽车电子系统开发。

3. AUTOSAR 的目标是什么

AUTOSAR 开发合作的主要目标是基本系统功能和功能接口的标准化。这使得开发合作伙伴能够在汽车网络中实现集成、交换和传递功能，并大大改进汽车生命周期内的软件更新和升级。考虑到这一目标，AUTOSAR 推动了从 ECU 到基于功能的系统设计尝试在汽车软件开发中的范式转变——实现从基于 ECU 到基于功能的系统设计，并且能够降低技术和经济方面日益增加的 E/E 架构的复杂性。

4. AUTOSAR 适用的范畴和应用领域是什么

AUTOSAR 适用的范畴包括所有汽车电子开发领域。AUTOSAR 重点关注车身、动力传动和底盘安全领域。所有车辆控制应用都可以使用 AUTOSAR 标准，特别是分布式系统相关功能（例如，通过总线）。

5. AUTOSAR 开发合作如何工作

AUTOSAR 开发合作是指 OEM 制造商、一级汽车供应商、汽车电子、半导体和软件公司的联盟共同开发和建立汽车 E/E 架构的开放行业标准。该标准是管理应用程序和标准软件模块的基础设施。AUTOSAR 开发合作由其核心合作伙伴管理，该合作伙伴组建了一个基于一致性的重大决策流程的分布式虚拟组织。AUTOSAR 贡献的资源由全球分布式的 AUTOSAR 核心、高级或开发合作伙伴提供。工作效率高效的项目对资源管理、报告准确性、质量保证和透明沟通提出了高要求。对 AUTOSAR 感兴趣的汽车 OEM 制造商和供应商可以申请成为 Premium 或 Associate Partnership。有关合作伙伴关系层面的详细信息，请参见 AUTOSAR 开发合作网站。

6. 在哪里可以获取有关 AUTOSAR 的附加信息

在调查了 www.autosar.org 上 AUTOSAR 的初步组织和技术信息后，还可以从 admin@autosar.org 索取更详细的信息。

AUTOSAR 标准的最新版本及功能规格（SWS 文档）的旧版本可以在 AUTOSAR 官网的"规范"一栏网页链接下载。请参阅相关子文件夹中的辅助材料部分，以了解相应的要求规格文件（SRS 文档）。另外，网页上还可以找到说明文件和进一步的相关信息。

7. AUTOSAR 对制造商、供应商和工具开发人员的好处是什么

（1）通用的好处：

● 提高了软件的复用性；

● 增加了设计的灵活性；

● 提供了清晰的系统集成设计规则；

● 从长远来看，能够降低软件开发和服务的成本；

- OEM 可以重复使用非竞争软件模块；

- 由于多家公司使用和测试相同的模块，能够提高软件质量；

- 专注于具有产权保护的、创新和竞争的功能开发。

（2）对 OEM 制造商的具体好处：

- 竞争性的功能可以单独开发；

- 以后可以访问创新共享；

- 标准验收测试。

（3）对供应商的具体好处：

- 可以减少版本，便于管理；

- 可以实现供应商之间的开发共享；

- 能够提高功能发展效率；

- 提供了新的商业模式；

- 可以为将来软件量增加做准备。

（4）对工具开发人员的具体好处：

- 提供统一的开发流程接口；

- 可以实现无缝、可管理、任务优化（与时间相关）的工具格局。

（5）对新市场参与者的具体好处：

- 透明和规范的接口可更好地支持新的商业模式；

- 明确合同任务分配和外包软件实施。

8. AUTOSAR 对于汽车驾驶员有什么好处

AUTOSAR 在增加系统新功能的基础上，加速了新功能的引入速度。

AUTOSAR 可以利用合理的成本开发更高质量、更加复杂的系统，如新的驾驶员辅助系统和安全系统。

9. AUTOSAR 如何提高质量

标准化使软件组件有更高程度的复用。这将大大增加软件组件的成熟度，从而提高软件组件的质量。此外，AUTOSAR 将通过一些方法和标准化接口来简化 ECU 和系统集成。

10. AUTOSAR 与其他标准化机构的关系是什么

AUTOSAR 开发合作规范了汽车使用的软件技术。因此，AUTOSAR 旨在遵守所有相关标准，并且与 ISO、ASAM 或 GENIVI 等其他标准化机构保持定期接触。如果现有的解决方案可用，则在适当的情况下，将它们集成、引用或采用。在解决方案重叠的情况下，AUTOSAR 关心兼容性问题和责任澄清。

11. AUTOSAR 和 JasPar 之间的关系如何

JasPar 的许多成员都是 AUTOSAR 的合作伙伴，反之亦然。这些公司形成了联系和转移的合作精神。JasPar 修改、验证和实现 AUTOSAR 规范。在 JasPar 内部，已经建立了一个充当 AUTOSAR 的桥梁功能的工作组。在 AUTOSAR 中不是合作伙伴的 JasPar 成员只能访问已发布的 AUTOSAR 规范。

1.9　AUTOSAR 供应商 ID 列表

所有 AUTOSAR 基本软件模块应提供模块供应商标识。AUTOSAR 供应商 ID 如表 1-1 所示。

要获得供应商 ID，请将有您公司详细信息的请求发送到 AUTOSAR 管理委员会 admin@AUTOSAR.org。

表 1-1　AUTOSAR 供应商 ID

供应商 ID	供应商名称	曾用名称
0x0001	Elektrobit	3Soft
0x0002	AEV	
0x0003	Audi	
0x0004	Bertrandt	
0x0005	BMW	
0x0006	Bosch	
0x0007	Carmeq	
0x0008	Continental	
0x0009	Daimler	DaimlerChrysler
0x000A	DeComSys	
0x000B	ETAS	
0x000C	Fujitsu	
0x000D	Hella	
0x000E	IAV	
0x000F	IBM	
0x0010	MBtech	
0x0011	Infineon	
0x0012	Kostal	
0x0013	Livedevices	
0x0014	Metrowerks	
0x0015	Mitsubishi	
0x0016	Motorola	
0x0017	NEC	
0x0018	Porsche	
0x0019	Siemens	
0x001A	Softing	
0x001B	STMicro	
0x001C	Temic	
0x001D	TTTech	
0x001E	Vector	
0x001F	Mentor Graphics Volcano	
0x0020	VW	
0x0021	VW Bordnetze	

续表

供应商 ID	供应商名称	曾用名称
0x0022	WindRiver	
0x0023	dSPACE	
0x0024	Delphi	
0x0025	Micron	
0x0026	Valeo	
0x0027	KPIT CG Smith	
0x0028	Infosys	
0x0029	Mecel	
0x002A	Renesas	
0x002B	NXP	Freescale
0x002C	Texas Instruments	
0x002D	Volvo Car	
0x002E	TTAutomotive	
0x002F	ICT	
0x0030	See4sys	Geensys
0x0031	Silicon Mobility Scaleo Chip	
0x0032	Patni Computer Systems	
0x0033	Johnson Controls	
0x0034	TATA Elxsi	
0x0035	Magna Steyr	
0x0036	Ricardo	
0x0037	i2soft	
0x0038	AVL Software and Functions	
0x0039	BMW Peugeot Citroën Electrification	
0x003A	Escrypt	
0x003B	Renesas Electronics	
0x003C	ArcCore	
0x003D	eSOL	
0x003E	iSOFT Infrastructure Software	
0x003F	Toshiba Corporation	
0x0040	Autoliv	
0x0041	NCES：Nagoya University	
0x0042	Cypress Semiconductor	Spansion International

供应商 ID	供应商名称	曾用名称
0x0043	Preh	
0x0044	Wabco	
0x0045	Behr-Hella Thermocontrol	
0x0046	SCSK	
0x0047	E.S.R. Labs	
0x0048	AVIN Systems	
0x0049	Harman	
0x004A	Lear	
0x004B	ITK	
0x004C	Hyundai-Autron	
0x004D	easycore	
0x004E	APTJ	
0x004F	Popcornsar	
0x0050	Neonode Technologies	
0x0051	Sunny Giken	
0x0052	DENSO	
0x0053	AUBASS	
0x0054	Magneti Marelli Technology Innovation	
0x0055	Microchip	
0x0056	Hirain Technologies	
0x0057	ThyssenKrupp	
0x0058	Integrated Silicon Solution	
0x0059	e-Traction	
0x005A	AISIN SEIKI	
0x005B	Shuanglin	
0x005C	iCerti	
0x005D	iSYS RTS	
0x005E	Pektron	
0x005F	KISS Technologies	
0x0060	Nippon Seiki International	
0x0061	Penta Security Systems Inc.	

第 2 章
Chapter 2

AUTOSAR 标准详解

上一章介绍了 AUTOSAR 的发展背景、基本概念和理论及组织架构，让大家对其有了一个整体的了解和认识。本章将在此基础上详细介绍 AUTOSAR 实现的核心——AUTOSAR 标准。

2.1 AUTOSAR 标准概要

AUTOSAR 标准包括基础标准、经典平台、自适应平台和经典平台标准验收测试等。其中，AUTOSAR 基础（Foundation，FO）标准的目的是强制 AUTOSAR 平台之间的互操作性，其包含 AUTOSAR 标准之间共享的共同要求和技术规范（如协议）。基于基础标准，又分为经典平台（Classical Platform，CP）和自适应平台（Adaptive Platform，AP）。其中，经典平台是 AUTOSAR 针对基于 MCU 的硬实时和安全约束较高的嵌入式系统的解决方案；而自适应平台则是 AUTOSAR 的高性能计算 MPU/CPU 的 ECU 解决方案，可构建用于娱乐导航和高度自主驾驶等用例的故障操作系统。

AUTOSAR 经典平台中的标准验收测试（Adaptive platform Test，AT）为 AUTOSAR 提供了一个测试案例的汇编，以支持 AUTOSAR 经典平台中广泛功能的标准验收测试。

AUTOSAR 经典平台与自适应平台对实时性、功能安全及计算性能的要求和关系如图 2-1 所示。

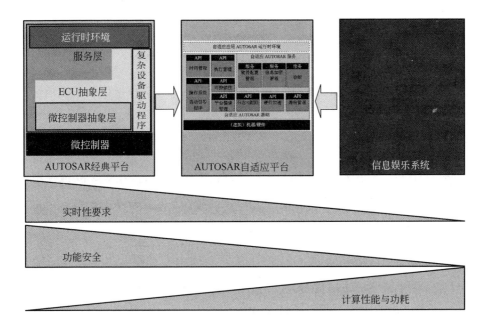

图 2-1　AUTOSAR 经典平台与自适应平台对实时性、功能安全及计算性能的要求

AUTOSAR 经典平台与自适应平台的特性对比如表 2-1 所示。

表 2-1　AUTOSAR 经典平台与自适应平台的特性对比

AUTOSAR 经典平台（CP）	AUTOSAR 自适应平台（AP）
基于 OSEK	基于 POSIX（PSE51）
从 ROM 直接运行代码	应用程序从非易失性存储器加载到 RAM 中
所有应用程序共用相同的地址空间（MPU 提供安全支持）	每个应用程序都有自己的（虚拟）地址空间（MMU 提供安全支持）
基于信号的通信优化（CAN/FlexRay）	基于服务的通信
固定的任务配置	支持多（动态）调度策略

AUTOSAR 开发合作伙伴发布的使用规范仅供参考。使用规范中包含的材料需要具备 AUTOSAR 开发合作伙伴关系的成员资格或与 AUTOSAR 开发合作伙伴签署了协议。AUTOSAR 开发合作伙伴不对任何使用规范负责。

在 AUTOSAR 官方网站（https://www.AUTOSAR.org），用户可以下载 AUTOSAR 开发合作伙伴发布的文档，其中包含如下两种不同类别的规范。

（1）标准规范。标准规范是描述 AUTOSAR 开发合作伙伴关系规范结果的文档、模型或格式。产品必须实现 AUTOSAR 要求的指定内容。

（2）辅助材料。辅助材料支持文档、模型或格式，旨在进一步解释和/或改进 AUTOSAR 开发合作伙伴关系标准规范的可用性。推荐阅读和/或使用辅助材料可以更好地了解或统一使用 AUTOSAR 标准，但不遵循 AUTOSAR 一致性的要求。

注意：①AUTOSAR 开发合作伙伴发布的规范仅供参考；②使用规范中包含的材料需要具备AUTOSAR开发合作伙伴关系的成员资格或与AUTOSAR开发合作伙伴签署了协议；③AUTOSAR 开发合作伙伴不对任何使用规范负责；④建立文档概述 AUTOSAR 最新版本中包含的各个版本 AUTOSAR 文档的补充；⑤AUTOSAR 提供了一份历史记录，旨在确定不同版本中各个版本之间的变化。

本章后续部分将依次介绍 AUTOSAR 基础、AUTOSAR 经典平台和 AUTOSAR 自适应平台，以及验收测试标准的细节及各版本之间的演化和差异。

2.2 AUTOSAR 基础标准

AUTOSAR 基础标准与经典平台、自适应平台的文档架构如图 2-2 所示。

AUTOSAR 基础标准包括适用于各种 AUTOSAR 标准的所有规范，如 AUTOSAR 目标、连接不同 AUTOSAR 标准的要求和协议，以及连接它们的常用方法。下文将介绍基础标准各版本之间的概念和规范的差别。

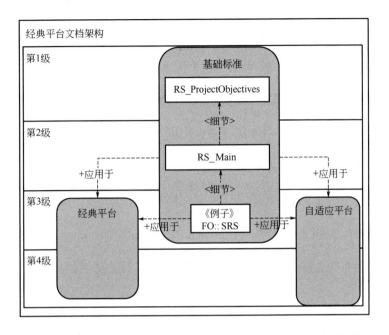

图 2-2　AUTOSAR 基础标准与经典平台、自适应平台的文档架构

2.2.1　基础标准版本 1.0

基础标准版本 1.0（FO R1.0）是基础标准的初始版本。这个版本包含以下规范，这些规范已经从 AUTOSAR 经典平台经过修改变为 AUTOSAR 基础标准。

- 项目目标（UID 599，RS，aux）。

- 主要要求（UID 054，RS，辅助）。

- 词汇表（UID 055，TR，aux）。

- 诊断要求（UID 004，SRS，辅助）。

此外，从现有的 AUTOSAR 经典平台中提取了以下规范。

- SOME/IP 协议要求（UID 800，RS，aux）。

- SOME/IP 协议规范（UID 696，PRS，std）。

- SOME/IP 服务发现协议要求（UID 801，RS，aux）。

- SOME/IP 服务发现协议规范（UID 802，PRS，std）。

- 诊断、日志和跟踪协议规范（UID 787，PRS，std）。

最后，基础标准版本 1.0 的上下文中阐述了以下概念的说明：

- 远程事件通信协议规范（UID 812，PRS，std）。

基础标准版本 1.0 中还发布了以下文档：

- AUTOSAR 规范哈希（UID 783，TR，inf）。

所有发布的 AUTOSAR 规范的完整性可以通过此列表进行检查。

2.2.2 基础标准版本 1.1

基础标准的目的是加强 AUTOSAR 平台之间的互操作性。随着基础标准版本 1.1（FO R1.1）的发布，这个目标再次被强化。基础标准版本 1.1 包含 AUTOSAR 平台之间共享的共同要求和技术规范（如协议）。

在 FO R1.1 中没有引入新概念，也没有引入新的规格。

在此版本中，以下规范从 AUTOSAR 经典平台移到 AUTOSAR 基础标准：

- 方法要求（UID 362，RS）。

同时，对以下规范进行了修订。

- 词汇表（UID 055，TR）：主要返工［从 AUTOSAR 自适应平台（AP）引入附加条款并检查现有定义，正式清理］。

- 主要要求（UID 054，RS）：根据 AUTOSAR 自适应平台的需求，引入额外的主要要求。

- 诊断要求（UID 004，SRS）：符合 AUTOSAR 自适应平台重组要求。

- 方法要求（UID 362，RS）：AUTOSAR 经典平台的要求也适用于 AUTOSAR 自适应平台，以及新添加的 AUTOSAR 自适应平台的要求。

- SOME/IP 协议规范（UID 696，PRS）：引入了"对可扩展数据结构的序列化支持"——基于 AUTOSAR FO R1.0（AUTOSAR 经典平台 R4.3.0）的 SOME/IP 序列化程序无法处理。

2.3　AUTOSAR 经典平台

AUTOSAR 经典平台层次架构如图 2-3 所示。

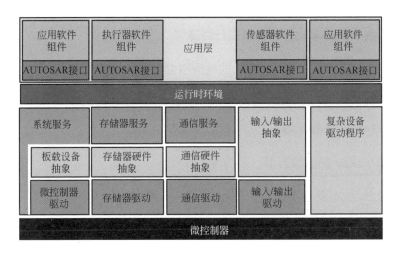

图 2-3　AUTOSAR 经典平台层次架构

AUTOSAR 经典平台架构区别于在微控制器上运行的 3 个软件层之间的最高抽象级别：应用程序、运行时环境（RTE）和基本软件（BSW）。

- 应用程序大都是硬件独立的。

- RTE 代表应用程序的完整接口。

- BSW 分为 3 个主要层和复杂设备驱动程序，即服务、ECU 抽象和微控制器抽象。服务还分为代表系统、存储器和通信服务基础设施的功能组。

另外，通过 RTE 可以完成软件组件之间的通信，并访问 BSW。

AUTOSAR 经典平台发布了若干标准版本，一些老的标准版本已经不能满足最新的汽车电子产品设计要求，被市场淘汰了，下面仅对目前最新的主流版本进行详细介绍。

2.3.1 版本 3.0 变更摘要

本节介绍自版本 2.1 发布以来实施的更改摘要。

1．集群：基本软件架构和运行时环境

首先，在基础软件中，ECU 的唤醒概念与网络的启动被统一在一起。以下 3 个新的模块被引入基本软件架构：

- CAN 状态管理器；

- FlexRay 状态管理器；

- LIN 状态管理器。

模块的通用网络管理接口通过网络管理网关得到增强。大部分基础软件模块规范被修改，从而使其与基础软件 UML 模型和元模型连接。

由于 AUTOSAR 版本 3.0 规范与 CAN 网络管理规范合并，版本 2.1 中的通用网络管理规范从版本 3.0 中被移除。

2．集群：方法和模板

基础软件描述模板规范被引入版本 3.0。元模型和相关模板规范在版本

3.0 中被继续改进。系统模板规范与 ECU 配置参数规范被进一步统一，并采取初步措施以统一系统模板规范和 FIBEX 2.0 标准。UML 2.0 概述文档由于退化，被从版本 3.0 中移除。

ECU 配置参数规范被从版本 3.0 中移除，这个规范的内容成为以下规范的一部分：

- ECU 配置规范；
- ECU 配置参数规范（XML）。

3．集群：应用接口

集成化主机表第一次发布，包含数据类型和单位字典。

可扩展文档被首次发布以支持以下域：

- 车身与舒适性；
- 动力总成；
- 底盘。

作为后续版本发布的准备步骤，用于应用程序接口的模型指南及相关需求文档被首次发布。版本 2.0、版本 2.1 和版本 3.0 中 XML 架构的 3 种 XML 规范的使用，使标准化应用程序接口成为可能。

4．集群：其他文件

用于标准维护的流程文档从版本 3.0 中移除：

- 发布管理流程定义；
- 标准维护要求；
- 变更管理流程定义。

另外，在版本 3.0 中，通过以下文档，一致性测试代理认证相关的流程文档得到改进：

- AUTOSAR CTA 认证机构要求；

- AUTOSAR CTA 认证——ISO 指南 65 应用规则；

- AUTOSAR CTA 认证——ISO 17025 应用规则。

■ 2.3.2 版本 3.1 变更摘要

本节包含自版本 3.0 以来实施的更改摘要。由于版本 3.1 扩展仅基于 OBDII 的支持，与版本 3.0 相比，大多数文档都保持不变。

1. 集群：基本软件架构和运行时环境

一般，在基本软件架构和运行时环境规范中，诊断软件需求规范，特别是 FIM（SRS 诊断和 SRS FIM）反映了 OBDII 支持的引入。它们也适用于 DEM、DCM 和 FIM 的相关软件规范，因为它们添加了与 OBDII 支持相关的新分区、API 和/或配置参数。

从模型生成的基本软件统一模型语言描述，最终与软件规范的 API 和序列图同步。

2. 集群：方法和模板

软件组件模板已更新，以改进对车载诊断协议规范的支持。类似地，通过 ODBII 特征扩展了 BSW 模型描述模板。

元模型与模型生成的 XML 架构和 ECU 配置参数（XML）文档密切相关。因此，对它们 3 个都进行了更新，以支持将 OBDII 功能引入软件规范。

3. 集群：应用接口

与版本 3.0 相比没有变化。

4. 集群：其他文件

与版本 3.0 相比没有变化。

■ 2.3.3　版本 3.2 变更摘要

本节包含自版本 3.1 以来实施的更改摘要。除修复了几个较小的 Bug 外，两个重要的活动描述版本 3.2 相对于基准标准版本 3.1（修订版 5）的变化如下。

一方面，增加了新的附加功能：

● 部分（Partial）网络；

● 在状态管理器模块中的鲁棒性；

● 改进错误处理（例如，量产 VS 开发错误）。

另一方面，在版本 4.0 中已经存在的一些特定功能的回迁：

● 安全概念（E2E 通信保护）；

● 扩展 CDD 概念；

● BSW 模式管理器；

● FlexRay ISO TP（传输协议）。

■ 2.3.4　版本 4.0 变更摘要

本节包含自版本 3.2 以来实施的更改摘要。以下列出了与版本 4.0 相结合的新概念，其中包括软件架构（BSW 和 RTE）、方法和应用接口等多个方面的主要成就。

1．功能安全

在版本 4.0 中首次引入了以下概念，以提供对汽车功能安全（ISO 26262）的支持：

● 内存分区概念；

● 时间决策概念；

- 程序流程监控概念；

- SW-C E2E 通信保护概念；

- BSWM 防御行为概念；

- 双核微控制器概念；

- E-Gas 监测应用概念。

2. 架构改进

另外，为了更好地支持功能安全和多核 MCU，以及完善对 Bootloader 开发及调试日志的支持，对软件架构也做了相应的修改，增加了以下与架构相关的概念：

- 错误处理概念；

- 多核架构概念；

- Bootloader 交互概念；

- 建立系统增强概念；

- 内存相关概念；

- 窗口看门狗支持概念；

- 在 BSW 架构中启用 CDD 概念。

3. RTE 增强

- 触发事件概念。

- 端口完整性和可伸缩性概念。

- RTE API 增强概念。

4. 通信协议（COM）演进

- LIN 2.1 标准概念。

- FlexRay Spec 3.0 概念。

- AUTOSAR XCP 概念。

- TCP / IP 通信协议栈扩展概念。

- 大数据类型支持概念。

5. 功能增强

- VMM AMM 概念。

- 支持 SAE J1939 协议特性概念。

- NM 协调概念。

- AUTOSAR 调度器协调概念。

- SWC 功能诊断概念。

- 通信栈概念。

6. 调试

- 调试概念。

- 记录和跟踪概念。

7. M&T 增强

- 变化处理概念。

- 方法论细化概念。

- 时间模型概念。

- ECUC 参数定义协调概念。

- M2 支持 M1 级文档的概念。

- M2 支持 M1 级定义校准数据集的概念。

● 计算公式语言概念。

● ECU 提取规格改进概念。

● 元模型（MetaModel）清理概念。

2.3.5 版本 4.1 变更摘要

本节包含自版本 4.0 以来实施的更改摘要、与版本 4.1 相结合的新概念。以下为版本 4.1 在软件架构（BSW 和 RTE）、方法与模板、应用程序接口共 3 个方面的主要成就。

1. 软件架构（BSW 和 RTE）

● 完成 CDD 概念。

● 更新了 OSApplication 终止功能。

● 增加 TimeService 和 TimerConformanceClasses。

● 增强区系统中 BSW 分配。

● 定义资源锁定行为。

● 增强端口的兼容性。

● 以太网部分（Partial）网络。

● 加密服务管理器（CSM）中的安全密钥存储支持。

● 输出比较单元驱动。

● 通过 TCP / IP 的应用程序通信的套接字接口。

● 支持重型车和 SAE J1939。

● BSW 和 RTE 配置文件。

● 虚拟（Pretended）网络。

- 组合要求并提供端口语义。

- 提供可激活的 RTE 事件。

- 快速原型实现。

- ECU 降级。

2．方法与模板

- 定义隐性通信行为描述。

- 协调 ECUC 参数的定义。

- 实现任务精确可运行调度。

- 继续与 FIBEX（FIBEX4MOST）协调。

- 增加 AUTOSAR 时序概念。

- 增加抽象系统描述。

- 规定 AUTOSAR 成员规则和权利。

- 增加支持的处理器清单。

- 引入 AUTOSAR 特征模型交换格式。

3．应用程序接口

- 引入 API 生命周期概念。

- 增加应用程序接口的变式处理。

以下两个常见变更列表列出了此版本可维护性方面的改进。

（1）协调内容：

- 使每个 ECU 配置参数适用于"本地"或"ECU"；

- 在所有受影响的文档中使用"复杂驱动程序"替换"复杂设备驱动

程序";

● 删除新引入的 SWS BSW General 所覆盖的受影响文档的内容;

● 根据"任务量产错误"的建议,采纳 BSW 模块报告的建议;

● 在所有受影响文档中对需求的新引入功能列表（AUTOSAR_RS_BSWAndRTEFeatures）引入上行链路。

（2）格式协调:

● 在所有 AUTOSAR 规范中引入所有类型定义的规范项目 ID;

● 根据 BSW 和方法规范的 TPS_StandardizationTemplate（TPS_STDT_00078）,采用要求和规范项目的格式;

● 删除受影响的文档的嵌套要求（通常在 API 描述中）,内容已被移至封装要求外部以避免嵌套。

除基于以上更改内容形成的版本 4.1.1 外,在版本 4.1 中还包含另外两个修订版本——修订版本 4.1.2 和修订版本 4.1.3。修订版本 4.1.2 侧重于修正,并在服务接口和类型的正式化方面（在版本 4.1.1 中启动）扩展了以下 7个模块:

● COMManager;

● DiagnosticCommunicationManager;

● DiagnosticEventManager;

● DiagnosticOverIP;

● SAEJ1939DiagnosticCommunicationManager;

● SAEJ1939RequestManager;

● SynchronizedTimeBaseManager。

而修订版本 4.1.3 则侧重于更正,并持续开展服务接口和类型的格式化

（在版本 4.1.1 中启动）。

在版本 4.1 中发布的文件包括主要文件、基本软件架构、运行时环境、方法与模板、应用程序接口及其他文件几大类。这些集群通过子类进一步构造规范以向用户提供更好的定向指导。

■ 2.3.6　版本 4.2 变更摘要

AUTOSAR 版本 4.2 的重点是根据 AUTOSAR 发布策略中的修订目标来修复错误。

首先，在规范方面，以下规范将使用此版本更改其生命周期状态。

此版本中添加了以下新规范：

● AUTOSAR（UID 682，TR，aux）一般蓝图的补充材料；

● 使用 AUTOSAR（UID 641，EXP，aux）的示例性系统的功能安全分析。

以下规范在此版本中被设置为"过时"状态（这些规范取消，即从次要版本的标准中删除）：

● AUTOSAR 中的调试要求（UID 332，SRS，aux）；

● AUTOSAR 中的调试规范（UID 315，SWS，std）。

以下规范在本版本中已被设置为 "取消"状态（该技术报告的内容被合并到未来版本的新规范中）：

● 串行协议示例（SOME / IP）（UID 637，TR，aux）。

其次，在概念方面，此版本并未纳入任何新概念。

在版本 4.2 中发布的文档引入了对基本软件架构的以下更改：更改文档（UID 695，TR，inf），提供详细的且易于使用的每个规范的所有更改概述；

直接方法是使用简单的颜色代码突出显示每个规范项目的变化（删除的部分为红色，添加的部分为绿色）；此外，根据 AUTOSAR 跟踪层次结构更改记录，可以轻松识别需求变更对规范项目的影响。

所有发布的 AUTOSAR 规范的完整性可以通过 AUTOSAR 规范哈希（UID 759，TR，inf）列表进行检查。而且，由于使用了新的方法，发布的规范不再受到 PDF 属性的修改保护。相反，每个规范的完整性可以通过其列表中提供的原始哈希值进行检查。

■ 2.3.7 版本 4.3 变更摘要

经典平台版本 4.3 是次要版本。根据 AUTOSAR 发布策略中的次要版本的目标，它将新功能引入标准并进行了许多改进/缺陷修复。该经典平台版本与基础标准的第一版共同发布。因此，一些规范已经从基础标准迁移到经典平台，详见下面的"规范"。

1. 新概念

在版本 4.2 的基础上，版本 4.3 引入了如下新概念。

1）加密接口

该概念通过添加加密接口（Crypto Interface）和加密驱动（Crypto Driver）完成 AUTOSAR 加密栈。这些新模块允许集成异构硬件和软件解决方案。

与这个概念一起，加密服务经理器被重新设计，提供了一个独特的接口，以满足最新的汽车信息安全（Security）的所有要求。

2）V2X 支持

V2X 支持的概念增加了对 AUTOSAR 标准的车辆互联（V2X）通信机制的支持，特别是支持无线 ITS-G5 消息处理和支持分布在车辆网络中的多个 ECU 的 V2X 应用程序。

3）数据交换点简档

"数据交换点简档"的概念，旨在通过提供用于描述给定数据交换点预期哪些数据的手段来改善 AUTOSAR 工具之间的互操作性。

4）分散式配置扩展 01

基于已经实现的概念"分散式配置"，分散式配置扩展 01 的概念扩展了诊断提取（OBD/WWH-OBD、FIM、J1939）的功能和能力，并增加了 DEXT 的创建和维护功能，如"规则与权限管理"。

5）启动和关机硬件测试管理

该概念引入了允许在运行的 AUTOSAR 系统上监视启动和关机硬件测试的接口。

6）扩展快速原型开发缓冲区访问

"扩展快速原型开发缓冲区访问"支持在最终集成到量产 ECU 编译前，在 ECU 环境的上下文中添加对快速验证软件算法的用例，增强现有的 AUTOSAR 快速原型（RP）方法。这可以通过提供一个明确定义的存储器接口来实现，该存储器接口确保所有传送的 AUTOSAR 信号都可以通过快速原型设计工具（RPT）访问，并支持修改现有的 ECU 映像以插入这种存储器接口。

7）SOME/IP 传输协议（Segmenter）

该概念引入了 SOME/IP 分段器模块，以便处理大于 127KB 的 SOME/IP 消息。

2. 规范

版本 4.3 中将使用以下规范更改其生命周期状态。除通过概念引入的上述新规范外，版本 4.3 添加了以下文档和模板：

- ARXML 序列化规则（UID 779，TPS，std）；

- 建模展示案例报告（UID 789，TR，aux）；

- 建模展示案例示例（UID 790，EXP，aux）；

- 库调用的宏封装（UID 808，EXP，aux）；

- 非易失性数据处理指南（UID 810，EXP，aux）。

而以下规范被从 AUTOSAR 经典平台移到 AUTOSAR 基础标准：

- 诊断要求（UID 004，SRS，aux）；

- 主要要求（UID 054，RS，辅助）；

- 词汇表（UID 055，TR，aux）；

- 项目目标（UID 599，RS，aux）。

以下规范设置在版本 4.0 中被设为"过时"状态（这些规范计划取消，即从次要版本的标准中删除）：

- 加密抽象库规范（UID 438，SWS，std）。

3. 发布文档

在此版本中发布的文档包含以下信息。

- 更改文档（UID 695，TR，inf）→将于 2016 年 12 月提供。

提供详细且易于使用的每个规范的所有更改概述。它通过简单的颜色代码突出显示每个规范项目的变化（删除部分为红色，添加部分为绿色）。

- AUTOSAR 规范哈希（UID 759，TR，inf）。

所有发布的 AUTOSAR 规范的完整性可以通过此列表进行检查。

2.4 AUTOSAR 自适应平台

AUTOSAR 自适应平台继承了传统基于微控制器的汽车软件架构

（AUTOSAR 经典平台）的特点，并且考虑基于高性能微处理器的信息娱乐导航系统软件特点，目的是实现符合 AUTOSAR 要求的自适应应用程序（AUTOSAR Run-time Adaptive Applications，ARA），其软件层次架构如图 2-4 所示。

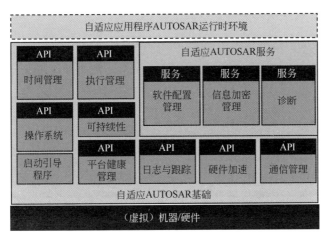

图 2-4　AUTOSAR 自适应平台软件层次架构

AUTOSAR 自适应平台是实现自适应应用程序的 AUTOSAR 运行时环境。它有两种类型的接口可用——服务和 API。该平台由功能集群组成，具体又分为自适应 AUTOSAR 服务和自适应 AUTOSAR 基础两大类。以下为 AUTOSAR 自适应平台功能集群实现的主要功能：

- 组合自适应平台的功能；

- 定义需求规范的聚类；

- 从应用和网络的角度描述软件平台的行为；

- 不限制平台实现的软件架构。

自适应 AUTOSAR 基础中的功能集群必须保证每个（虚拟）机器至少有一个实例，而自适应 AUTOSAR 服务可能分布在车载网络中。与 AUTOSAR 经典平台相比，自适应平台的 AUTOSAR 运行时环境可以在运行期间动态链接服务和客户端。

AUTOSAR 自适应平台版本 17-03 的初始版本已按计划于 2017 年 3 月 31 日发布。AUTOSAR 自适应平台将在 6~9 个月的发布周期内进一步开发。

AUTOSAR 自适应平台版本 17-03 概述

AUTOSAR 自适应平台版本 17-03（AP R17-03）是自适应平台的初始版本。由于自适应平台的标准化方法和发布策略与经典平台不同，因此，强烈建议先阅读 AP R17-03 的发行概述。

AUTOSAR 自适应平台版本 17-03 包括以下规范集群（Cluster）。

1．集群：通用

● 自适应平台的平台设计（UID 706，EXP）。

● 自适应平台特有的一般要求（UID 714，RS）。

● 自适应平台的一般规范（UID 715，SWS）。

● 关键和安全相关系统中使用 C++语言的指南（UID 839，RS）——草案规范。

● 功能集群短名称（UID 862，TR）。

2．集群：自适应基础

● 通信管理要求（UID 716，RS）。

● 通信管理规范（UID 717，SWS）。

● 操作系统接口要求（UID 718，RS）。

● 操作系统接口规范（UID 719，SWS）。

● 执行管理器（UID 720，RS）。

● 执行管理规范（UID 721，SWS）。

- ara ：：com API 的说明（UID 846，EXP）。

- 自适应平台的 E2E 要求（UID 847，RS）——草案规范。

- 自适应平台看门狗要求（UID 852，RS）——草案规范。

- 自适应平台的日志和跟踪规范（UID 853，SWS）——草案规范。

- 持续性要求（UID 857，RS）——草案规范。

- 持续性规范（UID 858，SWS）——草案规范；

- 自适应平台的日志和跟踪要求（UID 864，RS）——草案规范。

3．集群：自适应服务

- 自适应平台诊断规范（UID 723，SWS）。

4．集群：方法和清单

- 清单规范要求（UID 712，RS）。

- 清单规范（UID 713，TPS）。

- 自适应平台的方法（UID 709，TR）——草案规范。

- 元模型（UID 059，MMOD）。

- 元模型生成的 XML 模式（UID 230，MMOD）。

- AUTOSAR XML Schema 的补充材料（UID 649，TR）。

在上面的概述中，一些规范被标记为草案规范。除在集中的专家讨论中详细阐述的常规规范外，根据目前的规划，2018 年 3 月的版本可能包括草案规范，以表明对 AUTOSAR 开发社区的预期范围和讨论方向。

草案规范必须考虑以下内容：

（1）在开发过程中使用最少或更少的质量措施；

（2）不能因为 AUTOSAR 开发合作伙伴之间缺乏讨论，而出现质量 / 稳定性有问题的迹象。

5. 自适应平台演示器说明

自适应平台通过 AUTOSAR 内部实现进行验证，故而在 AUTOSAR 自适应平台中引入了自适应平台演示器。该演示器将通过 AUTOSAR 版本库（Subversion Repository）提供给所有开发合作伙伴，而不是通过 AUTOSAR 官方网站提供。

目前，自适应平台源代码已被冻结，但仍然需要遵守与自适应平台源代码相关的开源软件的许可证。2017 年 4 月底，AUTOSAR 版本库中发布了自适应平台软件实现。

2.5 验收测试

AUTOSAR 验收测试是在规范级别提供的系统测试（ICC1）。图 2-5 所示为典型的 AUTOSAR 验收测试流程和功能模块示意，其中包含单元测试（测试应用功能的代码覆盖率）、标准验收测试、OEM 规范质量测试（通过可配置栈软件方式实现）及项目规范测试（通过将各子系统的测试配置与顶层结合实现）。

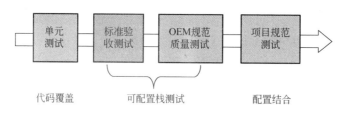

图 2-5 AUTOSAR 验收测试流程和功能模块示意

根据软件规范，验收测试的范围必须尽量完善，以符合在应用层和总线层可见的 AUTOSAR 功能。

在应用层的 AUTOSAR 软件测试包括如下内容：

● 影响应用程序的运行时环境（RTE）要求（如工件生成、API 存在、行为等）；

● 基础软件（BSW）服务（如服务和行为的存在 / 兼容性等）；

● 库。

在总线层的 AUTOSAR 功能测试项目包括如下内容：

● 总线行为（如传输行为、总线关闭处理、网络管理）；

● 总线协议（如传输协议、网络管理、诊断通信）。

注意：AUTOSAR 验收测试是可选的。AUTOSAR 验收测试的发布并不要求具体的商业模式。

图 2-6 所示为一个基于 CAN 总线的 AUTOSAR 验收测试规范——架构示例。

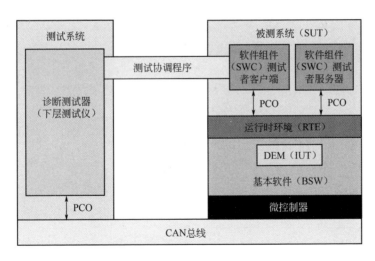

图 2-6　基于 CAN 总线的 AUTOSAR 验收测试规范——架构示例

为了测试被测系统 [基本软件（BSW）和运行时环境（RTE），被视为黑匣子 ICC1 实现]，测试架构通常使用测试线束的 ISO 9646 符号来描述。

测试系统连接到能与被测系统（SUT）进行交互的下层测试仪和上层测试仪上，包括：

● 消息在总线上发送或观察；

● 在 RTE 访问服务，RTE API 或接收通知在应用层的应用程序上运行。

2.6 小结

本章详细介绍了 AUTOSAR 的标准，在历史发展过程中，为了适应不同的汽车电子 ECU 软件设计需求，AUTOSAR 发布了众多版本的标准。各个版本的标准中又有若干文档对 AUTOSAR 软件架构分层的功能实现做了标准细化。本章列举了 AUTOSAR 标准各版本之间的差异供大家参考和学习。

第 3 章

Chapter 3

通用汽车电子微控制器简介

　　在通用汽车电子微控制器家族中，ARM 系列被广泛应用于各种产品中，而 S32K 系列微控制器作为 32 位 ARM Cortex M 家族中的一员，基于 ARM Cortex M0+/M4F 内核，提供非常广泛的汽车电子微控制器组合。S32K 系列产品以上一代的 KEA 系列产品为基础，引入更多的存储资源，以及更丰富的外设集，使得芯片可以应用到多种汽车电子应用之中。S32K 系列微控制器可以工作在 2.7～5.5V 电压下，并针对汽车环境进行了鲁棒性设计，使得它非常适合工作在恶劣的电子环境下，从而适应广泛的应用场合。此外，S32K 系列微控制器在性能和成本上进行了优化，因此，可以提供高性价比的解决方案。

　　S32K 系列产品提供了宽泛的内存、外设和封装选项，整个家族产品采用共同的外设和引脚，使得开发者可以根据内存或其他资源的需要，很容易在一个 MCU 家族或多个 MCU 家族中进行切换。这样的可扩展性，使得开发者可以将 S32K 系列产品作为标准产品平台，最大化地复用软硬件开发资源，以缩短产品面市的时间。

3.1　产品系列特性与应用

■ 3.1.1　产品系列介绍

1. S32K14x 系列

S32K14x 系列是基于 ARM Cortex M4F 内核的 32 位通用汽车电子微控制

器。它们提供高性能、大存储和可扩展性较高的外设集。这个产品系列提供高达 112MHz CPU 系列性能，以及 DSP 和 FPU 模块，可提供 2MB Flash 和 256KB SRAM。S32K14x 系列主要特性如下。

- 32 位 ARM Cortex M4F 内核及 FPU，提供 112MHz（HSRUN）和 80MHz（RUN）性能。

- 提供 2MB Code Flash 及 64KB FlexMem（支持 4KB Emulated EEPRM 及 4KB FlexRAM）。

- 提供 256KB SRAM，支持 CPU 单独访问及通过 Crossbar 访问，提供对指令和数据的并行访问。

- 修改的哈佛架构，通过本地内存控制器（Local Memory Controller，LMEM）支持紧密耦合的 RAM 和 4KB Code Cache。

- 集成的时钟架构，包含快速 IRC 48～60MHz、慢速 IRC 8MHz/2MHz、128kHz LPO 和一个 PLL。

- 模拟模块提供高精度的混合信号处理能力，包括 12 位 1Mbps SAR ADC、高速比较器。

- 电源管理控制器（Power Management Controller，PMC）带内部调节器，可支持多种电源头模式，包括：

  ○ HSRUN；

  ○ RUN；

  ○ STOP；

  ○ VLPR；

  ○ VLPS。

- I/O 支持 2.7～5.5V 供电。

- 宽泛的工作电压范围（2.7～5.5V），以及全功能的 Flash 内存编程/擦除/读操作。

- 64LQFP、100LQFP、144LQFP、176LQFP 和 100MAPBG 封装及高达 156 个 GPIO。

- 环境工作温度范围为-40～125℃。

S32K14x MCU 产品组合得到高度复合的开发工具和软件支持，包括 NXP Arduino 兼容的评估板、包含图形配置和 S32 Design Studio 软件的 S32K 软件开发包（Software Development Kit，SDK），以及来自 IAR Systems、Cosmic Software、Green Hills 和其他开发合作伙伴的软件开发包。

2. S32K11x 系列

S32K11x 系列芯片是基于 ARM Cortex M0+内核的 32 位通用汽车电子微控制器，它们提供高性能、大存储和可扩展性较高的外设集。这个产品系列提供 48MHz CPU 系列性能，以及 256KB Flash 和 25KB SRAM。S32K11x 系列主要特性如下。

- 48MHz 32 位 ARM Cortex M0+内核 CPU。

- 提供 256KB Code Flash 及 32KB FlexMem（支持 2KB Emulated EEPRM 及 2KB FlexRAM）。

- 提供 25KB SRAM。

- 集成的时钟架构，包含 48MHz FIRC、8MHz SIRC、128kHz LPO。

- 模拟模块提供高精度的混合信号处理能力，包括 12 位 1Mbps SAR ADC、高速比较器。

- 电源管理控制器（Power Management Controller，PMC）带内部调节器，可支持多种电源头模式，包括：

○ RUN；

○ STOP；

○ VLPR；

○ VLPS。

● I/O 支持 2.7～5.5V 供电。

● 宽泛的工作电压范围（2.7～5.5V）及全功能的 Flash 内存编程/擦除/读操作。

● 32QFN、48LQFP、64LQFP 封装及 58 个 GPIO。

● 环境工作温度范围为-40～125℃。

S32K11x MCU 产品组合被高度复合的开发工具和软件支持，包括 NXP Arduino 兼容的评估板、包含图形配置和 S32 Design Studio 软件的 S32K 软件开发包（Software Development Kit，SDK），以及来自 IAR Systems、Cosmic Software、Green Hills 和其他开发合作伙伴的软件开发包。

3.1.2　系统框架

图 3-1 以 S32K148 为例描述了 S32K14x 产品系列的系统框架。

图 3-2 以 S32K118 为例描述了 S32K11x 产品系列的系统框架。

S32K 系列产品具有很好的兼容性和可扩展性，它们在一些共同特性的基础上，也可以根据不同系统需要进行多样化的选择，其资源分布如图 3-3 所示。

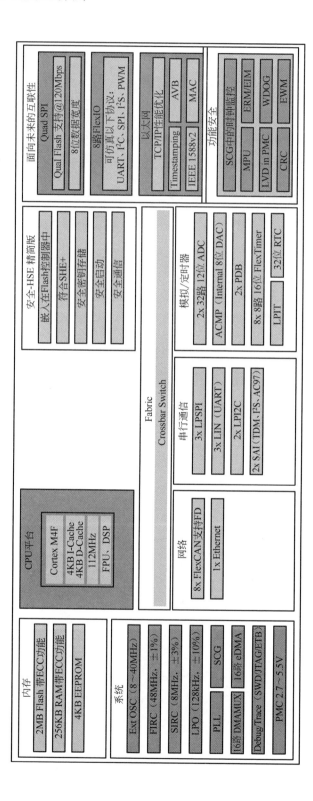

图 3-1 S32K14x 的产品系列系统框架（以 S32K148 为例）

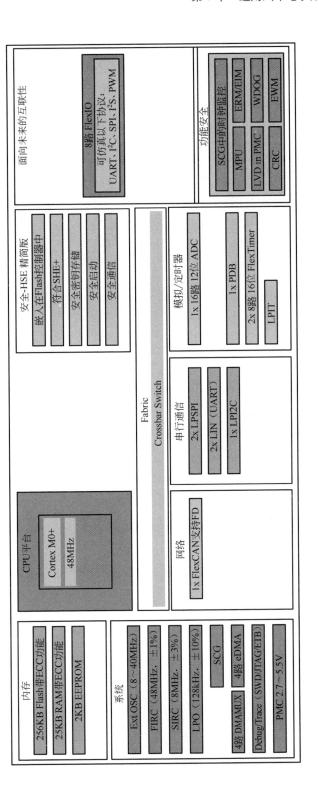

图 3-2　S32K11x 产品系列系统框架（以 S32K118 为例）

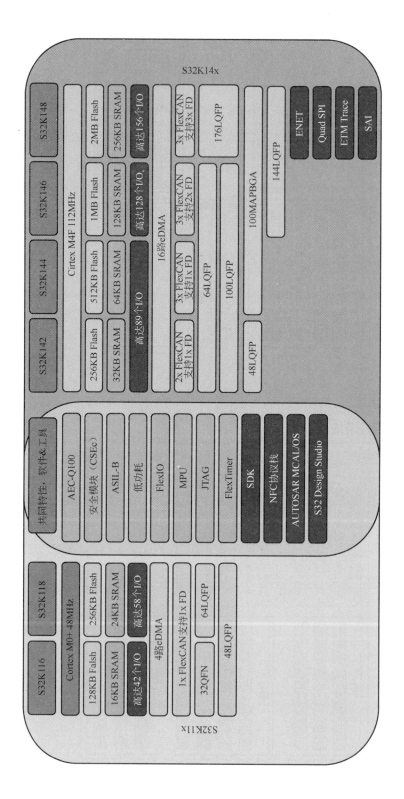

图 3-3　S32K1xx 产品系列资源

3.1.3　应用

S32K1xx 系列产品是通用汽车电子应用的理想选择，它可以用于但不局限于以下应用。

- 外部和内部灯光系统。

- HVAC。

- 门 / 窗 / 雨刮 / 座椅控制器。

- BLDC / PMSM 电机控制。

- 泊车辅助。

- 电子换挡。

- TPMS。

- 娱乐系统的实时控制。

- 电池管理系统。

- 人机接口，如触摸控制。

- 安全的数据传输。

- 安全控制器。

- 空中更新。

此外，S32K148 上的 100Mbps IEEE-1588 Ethernet MAC 和串行音频接口（AC97、TDM 和 I^2S）使得它可以适用于车内以太网连接的节点及音频流应用。

S32K116 和 S32K118 提供小封装：5mm×5mm 32QFN、7mm×7mm 48LQFP 和 10mm×10mm 64LQFP，这些适用于对尺寸敏感的应用，如各种传感器控制器。

除了汽车应用，S32K1xx 产品系列也可以用于其他要求严格的环境中，如工业、自动化、通信、交通、医疗等，这些应用都需要高质量、高可靠性和高安全性的产品。

3.2 硬件加密安全

汽车电子市场正在迅速向自动驾驶和车辆互联方向发展。这些先进的技术要求汽车电子系统连接到互联网和其他通信媒体上，如 V2X 基础框架，以实现更大的延伸。这样一来，汽车电子系统就更容易被黑客攻击，从而被未授权的用户访问和控制。要阻止未授权的访问，汽车电子的每个部分都需要被保护：从小的 MCU 管理的小任务，到更大的网关处理器控制的复杂系统，从应用软件到存储在内存上的数据。所有的这些汽车系统对驾驶员和乘客的安全都很重要。嵌入式安全模块和加密引擎提供了一种有效的工具，可以通过保障安全信息交互、数据授权和一致性来保护汽车安全。

常见的硬件加密安全用户案例如下：

- 发动机防盗；

- 模块保护；

- 安全的 Flash 更新/安全的空中更新；

- 数据集保护（如里程信息）；

- 通过数据权限管理（Digital Rights Management，DRM）的资源管理；

- 安全的通信；

- IP 保护；

- V2X 通信。

S32K1xx 产品系列中的所有芯片都可以提供综合的、客户可配置的安全特性，以保护代码和数据不会被随意访问。

3.2.1　设备安全

1. Flash 存储安全

Flash Memory 模块基于 FSEC（SEC）域的状态为 MCU 提供安全信息。MCU 轮流确认安全请求并对 Flash Memory 资源限制访问。在复位过程中，Flash Memory 模块可以用从 Flash Memory 配置区读取的安全字节来初始化 FSEC 寄存器。

2. 密码服务引擎（Cryptographic Services Engine，CSEc）安全特征

CSEc 模块实现丰富的加密函数集，主要特征如下。

● 满足 HIS-SHE 规范 1.1 rev439 和 GM-SHE+安全规范的需求。

● 更安全的密钥存储（从 3 个用户密钥到 17 个用户密钥）。

● AES-128 加解密。

● AES-128 CMAC（基于加密的信息授权码）产生和验证。

● ECB（电子密码本）模式加解密。

● CBC（密码本链接）模式加解密。

● 真&假随机数产生。

● Miyaguchi-Preneel 压缩功能。

● 安全启动模式（用户可配置），包括：

    ○ 顺序启动模式；

    ○ 并行启动模式；

○ 严格的顺序启动模式。

3. 设备启动模式

在并行启动模式下，安全启动和应用程序启动会并行发生；而且，即使安全启动失败，应用程序也会启动。但是，BOOT_PROT 属性被设置成 1 的密钥将会失效，应用程序可以利用剩余的密钥和加密 / 解密 / SHE 函数。但是，应用程序应该在执行任何 SHE 指令之前设置标志。

在顺序启动模式下，应用程序只有在安全启动成功后才可以启动；而且，应用程序可以执行任何指令而无须设置标志。但是，在严格的顺序启动模式下，如果安全启动失败，芯片将完全不会启动，并保持复位状态。

■ 3.2.2 安全应用案例

1. 安全启动

检查 Bootloader 的完整性和可靠性的步骤，如图 3-4 所示。

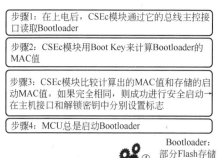
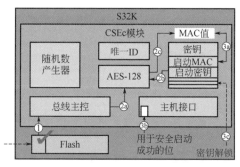

图 3-4 检查 Bootloader 的完整性和可靠性的步骤

MAC 会阻止对 Bootloader 的修改及对启动密钥的依赖。

只有当计算得到的 MAC 值和存储的启动 MAC 值匹配时，一个成功的安全启动才会发生，密钥才会解锁。

2.信任链

检查 Flash 的完整性和真实性的步骤，如图 3-5 所示。

● Bootloader 由安全启动流程保护。

● 存储在 Bootloader 中的 MAC 值提供 Flash 中相关模块的完整性和一致性。

● 逐部分的 Flash 存储检测保证每个部分的完整性和一致性。Flash 中的关键部分（MCU 配置/IRQ 表）被检测，然后尽快执行。

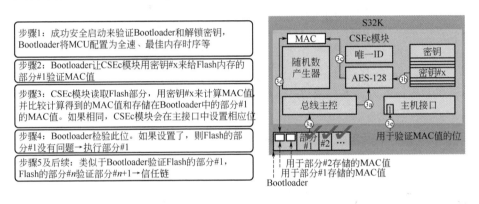

图 3-5　检查 Flash 的完整性和真实性的步骤

3.安全通信

安全通信的基本过程如图 3-6 所示。

● 随机数产生和检测保护防重复式攻击。

● 加密保护防窃听。

● 随机数产生和检测及加密保护确保数据的完整性和一致性。

4.模块保护

图 3-7 所示为模块保护的基本原理和流程。ECU<n>的替换或修改会改变它独一无二的 ID 和／或 Key。此示例显示如何修改和检测 ID 和／或 Key。

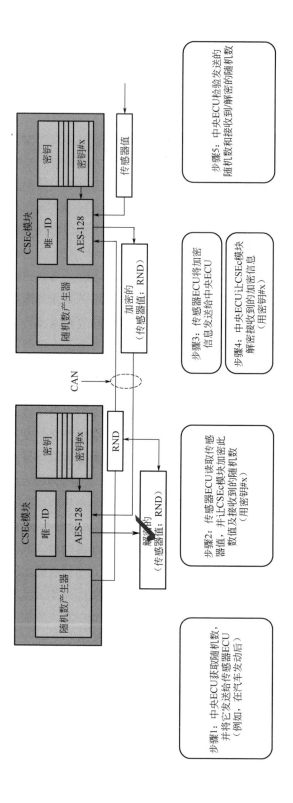

图 3-6 安全通信的基本过程

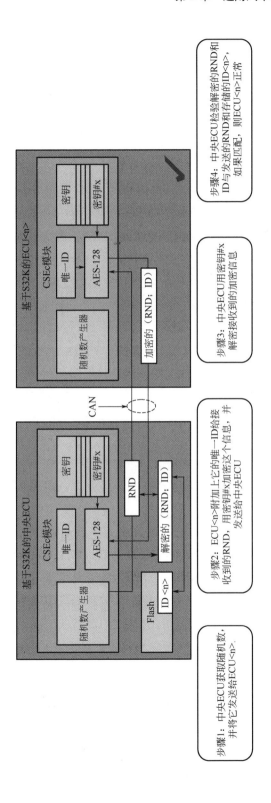

图 3-7 模块保护的基本原理和流程

3.2.3 CSEc 模块概述

CSEc 模块的主要功能在 Flash Memory Module（FTFC）的内核中实现。在 FTFC 中已经加入了相关特性以支持 HIS-SHE 功能规范版本 1.1。通过使用一个嵌入式处理器、固件和一个硬件辅助的 AES-128 子模块，FTFC 可实现加密、解密和 CMAC 生成-验证算法，进而实现安全的消息应用。其他的 API 可用于实现安全启动配置、真随机数产生（True Random Number Generation，TRNG）和 Miyaguchi-Preneel 压缩。图 3-8 所示为 FTFC 的原理框架。

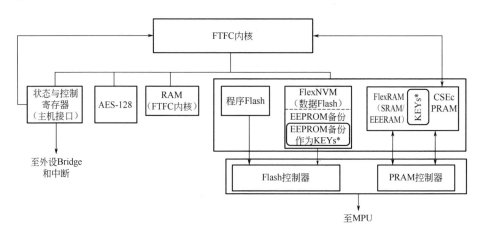

图 3-8 FTFC 的原理框架

FTFC 内核兼顾 Flash 和 CSEc 模块功能。在 Flash 内核中有一个专用的 RAM 来改进性能，它对于用户而言是透明的。主机接口是系统内核与 FTFC 通信的媒介，并可以用来获取控制和状态信息。框架右边的模块显示了物理内存和 CSEc 模块参数空间随机访问内存（CSEc PRAM）。Flash 控制器和 PRAM 控制器负责维护 FTFC 系统的高效工作。这些控制器通过内存保护单元（Memory Protection Unit，MPU）将物理内存和 CSEc PRAM 连接到 Crossbar Switch 上。

在芯片中有 3 种类型的 Flash Memories：

（1）程序 Flash；

（2）FlexNVM；

（3）FlexRAM。

程序 Flash 是非易失的 Flash Memory，用于存储应用程序。

FlexNVM 是灵活的非易失存储器，可以灵活地配置成普通 Flash 或者 Emulated-EEPROM。在普通 Flash 模式下，可以存储应用程序或数据；在 Emulated-EEPROM 模式下，可以用作非易失备份内存。

类似地，FlexRAM 是灵活的 RAM，可以配置成普通 SRAM 和 Emulated-EEPROM。在普通 SRAM 模式下，可以用作额外的 SRAM；在 Emulated-EEPROM 模式下，可以用作高耐久性的 Emulated-EERAM（EEERAM）。

如图 3-8 所示，FlexNVM 和 FlexRAM 一起仿真 EEPROM，这时，FlexNVM 被称为 EEPROM 备份，FlexRAM 被称为 EEERAM。如果用户想要写 Emulated-EEPROM，用户对 EEERAM 进行写操作，内部 Flash 系统会锁定接口，并将数据写回 EEPROM 备份中作为非易失更新。

通过主机接口，用户可以用一个程序分割指令（PRGPART）配置 FTFC 为 Emulated-EEPROM 操作。Flash 通用指令集（Common Command Objects，CCOB）寄存器被用来发布 PRGPART 指令。PRGPART 指令也可以根据用户的意愿，灵活地指定如何在 Emulated-EEPROM 和普通 Flash 之间进行分割。

要使用 CSEc 模块功能，芯片必须被配置成 Emulated-EEPROM 模式。PRGPART 指令被用来使能 CSEc 模块，并提供相应机制来指定 Key 的大小。根据 Key 的大小，EEERAM 的最后 128/256/512 字节被从 Emulated-EEPROM 中去除，成为不可访问的部分。这部分存储被保护并用来存储密钥，并且不可以被系统中的任何其他主机访问。

一旦用户配置 FTFC 为 CSEc 模块功能，并装入用户 Key 来安全操作，器件就可以按照 HIS-SHE 和 GM SHE+ 规范进行任何安全相关的操作。

CSEc PRAM 可用来给安全操作提供数据和指令 header，包括将系统内存内容模块传送到 CSEc PRAM 空间中进行密码操作，一旦操作完成，就将结果传回系统内存中。所有数据和指令大小为 128 位，如果不够就用应用程序来填充。CMAC 操作不需要填充，因为它在内部完成。

一旦 CSEc 模块指令 header 被写，指令开始执行，并且 CCOB 接口、EEERAM 和 CSEc PRAM 会被锁定。另外，在当前指令完成前无法执行其他指令。

CSEc 模块相关操作的状态会被报告给 Flash 状态寄存器（FSTAT）和 CSEc 状态寄存器（FCSESTAT）。用这个状态信息，也可以在完成一个 CSEc 模块指令后产生一个中断，而且任何在 CSEc 模块指令执行过程中发生的错误，都会报告给 CSEc PRAM 的 Error Bits 位置。

■ 3.2.4 密钥

要对数据进行加密 / 解密操作，必须使用密钥。表 3-1 和表 3-2 描述了芯片中的密钥及相应特性，如 ID、存储类型、大小、属性等。

表 3-1　芯片中的密钥及相应特性

密钥名称	密钥 ID		存储类型	Key 大小（位）	Key 计数器大小（位）	Key 计数器大小（位）						出厂默认状态
	KBS	KEY IDs				Write Prot	Boot Prot	Debug Prot	Key Usage	Wild and Prot	Verify Only	
UID	X	0x0	ROM	15	—	—	—	—	—	—	—	Written by NXP
MASTER_ECU_KEY	X	0x1	Non-Volatile	16	28	√	√	√		√		Empty
BOOT_MAC_KEY	X	0x2	Non-Volatile	16	28	√		√		√		Empty
BOOT_MAC	X	0x3	Non-Volatile	16	28	√		√		√		Empty
KEY_01~KEY_10	1'b0	0x4~0xD	Non-Volatile	16	28	√	√	√	√	√	√	Empty

续表

密钥名称	密钥 ID		存储类型	Key 大小（位）	Key 计数器大小（位）	Key 计数器大小（位）						出厂默认状态
	KBS	KEY IDs				Write Prot	Boot Prot	Debug Prot	Key Usage	Wild and Prot	Verify Only	
KEY_11～ KEY_17	1'b1	0x4 ～ 0xA	Non-Volatile	16	28	√	√	√	√	√	√	Empty
Reserved	1'b1	0xE	—	16	—	—	—	—	—	—	—	—
Reserved	1'b0	0xE	—	16	—	—	—	—	—	—	—	—
RAM_KEY	X	0xF	Volatile	16	—	—	—	—	—	—	—	Undefined after Every Reset

　　RAM_KEY 只有 PLAIN_KEY 标志，只能实现为 RAM_KEY。当 Key 被作为一个纯文本载入 RAM_KEY 中时，由 CSEc 模块进行设置。

表 3-2　其他 Volatile 密钥

密钥名称	地　　址	存储类型	大小（位）
PRNG_KEY	N/A	RAM	16
PRNG_STATE	N/A	RAM	16

　　FTFC 按照 HIS-SHE 功能规范中的描述，提供安全的、非易失的存储区域来存储密钥，其中，前 5 个区域有专门的用途，其他区域用于存储应用相关的密钥，具体如下。

● SECRET_KEY：在器件制造时编程的随机值，数值不会透露，并且内部用来生成伪随机数生成器 Key（PRNG_KEY，见表 3-2）。

● UID：唯一识别号，对每个部分都是唯一的，在 Wafet 形式测试时被编程入安全 Flash。

● MASTER_ECU_KEY：用来将 CSEc 模块复位到出厂状态，或者用来改变任何其他 Key。

● BOOT_MAC_KEY：被安全启动过程用来验证软件的可靠性。

- BOOT_MAC：装载 MAC 值用于安全启动流程，可以根据指定的情况自动由 CSEc 模块加载，也可以通过用户软件手动加载。

- KEY_01～KEY_17：存储在 EEERAM 空间中的用户密钥，空间可配置。用户密钥 KEY_03～KEY_17 可以配置用于存储编程分区指令。

- RAM_KEY：易变的密钥，可用于任何仲裁操作。

- PRNG_KEY 和 PRNG_STATE：不可以被用户函数直接访问，内部用于伪随机数的产生。

3.2.5 通用 CSEc PRAM

除密钥以外，CSEc 模块还提供用于相关安全操作的编程接口。CSEc PRAM 可以用来发布 CSEc 模块指令，并将数据传给 CSEc 模块进行安全操作。CSEc PRAM 包括 8 个 128 位的 RAM 页，它们可以按字或字节来访问。

如表 3-3 所示，第一页 Page0 包括指令头及信息控制长度；其他页用来输入 / 输出数据信息。

表 3-3 通用 CSEc PRAM 组成

位	[127：0]															
位	31：24	23：17	15：8	7：0	31：24	23：17	15：8	7：0	31：24	23：17	15：8	7：0	31：24	23：17	15：8	7：0
字	Word 0				Word 1				Word 2				Word 3			
字节	3	2	1	0	7	6	5	4	B	A	9	8	F	E	D	C
页																
0	Func ID	Func Format	Call Seq	KEY ID	Error bits	Command Specific										
1	数据输入 CSEc 模块或数据从 CSEc 模块输出															
2																

续表

3										
4										
5										
6										
7										

对指令头进行写操作会触发宏来锁定 CSEc PRAM，并启动 CSEc 模块操作。因此，要设置一个 CSEc 模块指令，用户应该先输入数据信息及信息长度信息，最后写指令头。

只要指令头一进行写操作，CSEc 模块就会复位在 Flash 状态寄存器中的指令（FSTAT[CCIF] == 0）设置中断标志（Command Complete Interrupt Flag，CCIF），来启动中断操作。FSTAT[CCIF] == 1 表示指令完成。

根据指令，在完成写操作后，用户可以从 CSEc PRAM 读取需要的数据。

在某种情况下，数据可能不适合 CSEc PRAM；这时，CSEc 模块要求对新的数据重复相同的指令。要继续相同的指令，用户必须将其余数据写进 CSEc PRAM 作为可应用的数据，紧接着更新指令头信息。在指令头中只有"Call Seq"区域需要修改，而其他信息保持不变。另外，若修改了 Func ID 区域，再继续以前的指令，会导致一个序列错误，因此 Func ID 区域必须保持不变。

3.3　功能安全

S32K 系列是面向汽车或工业应用的 MCU。这些应用需要满足不同的功能安全级别，它们是根据 ISO 26262 进行开发的、符合 ISO 26262 ASIL-B 级别的应用。S32K 系列是 ISO 26262 的一员，它的开发被称为脱离环境的安全因素（Safety Element out of Context，SEooC）开发。

3.3.1 安全功能

S32K 系列属于通用型 MCU，它并不具有特定的应用特性，其安全功能也不是特定的。因此，在 S32K 系列的 SEooC 开发过程中，MCU 安全功能被预先假定。在开发安全相关的系统时，MCU 的安全功能被映射到特定系统的安全功能（应用独立）。预先假定 MCU 的安全功能如下。

● 安全执行功能（应用独立）：从 S32K 系统 Flash 中读取指令，并将其缓存到指令缓存中，执行指令；从 S32K 系统 SRAM 或 Flash 中读取数据，将其缓存到数据缓存中，处理数据并将结果写入 S32K 系统 SRAM。软件执行功能时功能安全要通过 S32K 系统中集成的安全机制来实现。

另外，以下方法被假定为输入 / 输出功能和调试功能。

● 输入 / 输出功能（应用相关）：S32K 系统的输入 / 输出功能和应用高度相关。功能安全主要通过系统及安全措施来实现。

● 非安全相关功能：假定某些功能是非安全相关的（如调试）。

3.3.2 正确操作

S32K 系列的正确操作如下。

● MCU 安全功能和安全机制模块安全规范地执行。

● 外设模块可以通过系统级安全措施来验证数据方法的使用或冗余模块的使用。外设模块的安全措施在系统级软件内实现。

● 非安全相关的模块不会干扰其他模块的操作。

3.3.3　安全状态

系统的安全状态被称为 Safe State$_{system}$，而 S32K 系统的安全状态被称为 Safe State$_{MCU}$。Safe State$_{system}$ 是一种操作模式，它通常不会对人造成物理伤害或者健康损害。Safe State$_{MCU}$ 可以被看成一种操作模式，或者系统被关闭的模式。S32K 系统的安全状态（Safe State$_{MCU}$）如图 3-9 所示。

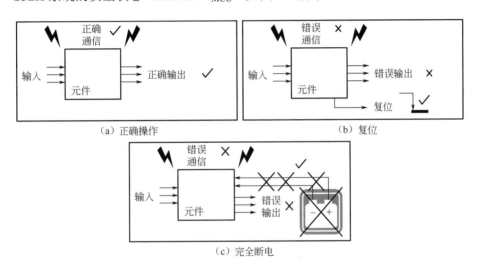

图 3-9　S32K 系统的安全状态（Safe State$_{MCU}$）

3.3.4　故障与失效

失效对功能安全的主要不利影响如下。

● 系统失效是指被确定的方法证明因某种原因出现的系统故障，它只能通过改变设计流程、生成流程、操作方法、文档或其他相关因素来消除，而大量采用应对系统故障的方法可以减小系统失效的概率。

● 随机硬件失效可能会在硬件组件的生命周期中无法预知地发生，并且呈概率分布。硬件固有失效率的减小会减少随机硬件故障发生的可能性。检测和控制会减小随机硬件故障产生的不利影响。随机硬件失效可能由永久故障（如物理损害）、间歇性故障或瞬时故障引起。永久故障是不可恢复的，间歇性故障可能与某种操作条件或噪声相关，瞬时故障可能是颗粒或 EMI 放射。

1. 故障

以下随机故障可能导致系统失效，并最终导致功能安全目标无法实现（引自 ISO 26262-1）。硬件故障会随机发生，它可能会由一个或多个恶化的硬件机制产生。

- 单点故障（Single-Point Fault，SPF）：元件中的一个不被安全机制覆盖的故障，会导致单点失效，并会直接导致无法实现功能安全目标。

- 潜在故障（Latent Fault，LF）：既无法被安全机制检测到、也不能被汽车驾驶员感知到的故障。LF 不会导致功能安全目标无法实现，但是当它和至少一个其他的单点故障结合时会导致单点或多点失效，最终导致功能安全目标无法实现。

- 双点故障（Dual-Point Fault，DPF）：一个单点故障和另一个单点故障结合时，会导致双点失效，并会直接导致无法实现功能安全目标。

- 多点故障（Multiple-Point Fault，MPF）：一个单点故障和其他单点故障结合时，会导致多点失效。它会导致无法实现功能安全目标。

- 残余故障（Residual Fault，RF）：一个故障的一部分，就会导致无法实现功能安全目标，这一部分故障不会被安全机制覆盖。

- 安全故障（Safe Fault，SF）：故障的发生不会明显地增加功能安全目标失败的可能性。

图 3-10 所示为其中几种故障的原理示意。

2. 相关性失效

- 共因失效（Common Cause Failure，CCF）：相关性失效的子集，两个

或更多的元件，由于共同的原因同时或者间隔很短时间出现故障。共因失效的原理如图 3-11 所示。

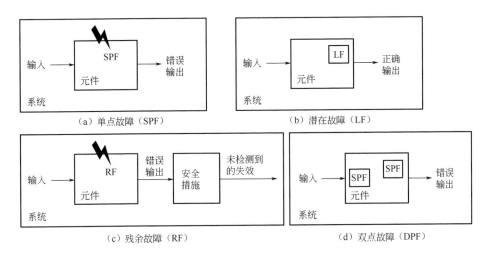

图 3-10　几种故障的原理示意

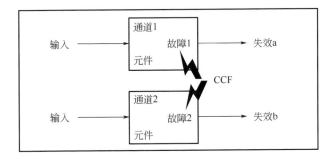

图 3-11　共因失效原理示意

- 共同模式失效（Common Mode Failure，CMF）：单个根本原因导致冗余通道中的两个或多个元件几乎同时出现错误行为，进而导致无法检测到元件而失效。共同模式失效的原理如图 3-12 所示。

- 级联失效（Cascading Failure，CF）：系统中一个元件发生故障，导致其他和它连接的元件同时发生故障。级联失效不是共因失效。级联失效的原理如图 3-13 所示。

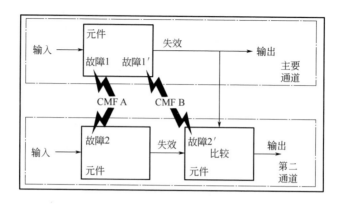

图 3-12　共同模式失效原理示意

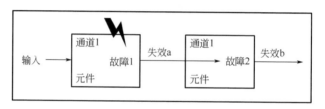

图 3-13　级联失效原理示意

■■ 3.3.5　单点故障容错时间间隔

单点故障容错时间间隔（Fault Tolerant Time Interval，FTTI），或称过程安全时间（Process Safety Time，PST）是失效发生到形成危害之间的时间段，在这段时间里，必须采取相关措施阻止危害发生。单点故障容错时间间隔原理示意如图 3-14 所示。

故障描述时间是从故障发生到 S32K 切换成 Safe State$_{MCU}$ 的时间。它是故障检测时间与故障响应时间之和。

（1）故障检测时间（诊断测试间隔+识别时间）是故障被安全机制检测到的时间最大值，它由以下部分组成。

● 诊断测试间隔：在线测试和检测到故障的时间间隔。

● 识别时间：安全机制检测到一个故障所用的时间，其中最耗时间的部分如下：

○ ADC 识别时间；

○ SPLL 失锁的识别时间，与 SPLL 如何配置有关；

○ 基于功能安全机制的软件执行时间，与软件实现密切相关。

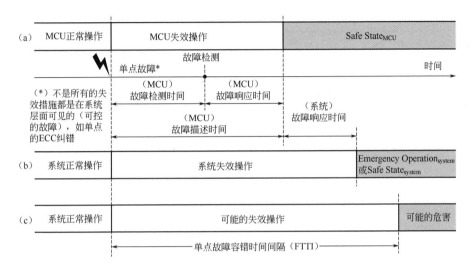

图 3-14　单点故障容错时间间隔原理示意

（2）故障响应时间（内部处理时间+外部指示时间）是所有功能安全机制的响应时间的最大值，它由内部处理时间和外部指示时间组成。

○ 内部处理时间：故障和相关的错误标志状态寄存器进行通信的时间/间隔；

○ 外部指示时间：将失效通知外部的时间。

S32K 的故障描述时间和系统故障响应时间应该小于功能安全目标的 FTTI。

3.3.6　潜在故障容错时间间隔

潜在故障容错时间间隔（Latent-Fault Tolerant Time Interval，L-FTTI）就

是一个潜在故障从有可能和另一个潜在故障同时出现到成为一个有害的多点故障的时间段，在这段时间内必须采取措施加以阻止。L-FTTI 定义了在最差情况下故障描述时间和执行措施时间的总和。潜在故障容错时间间隔原理示意如图 3-15 所示。

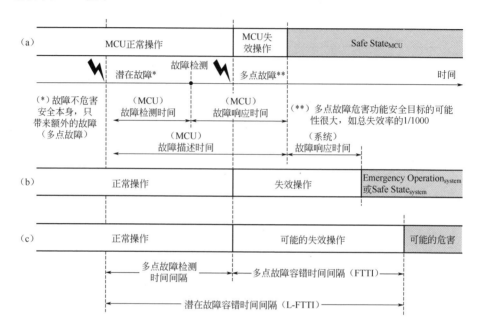

图 3-15 潜在故障容错时间间隔原理示意

潜在故障描述时间是从多点故障发生到失效指示强制 S32K 的输出为高阻抗状态或复位的时间。

3.3.7 MCU 的安全概念

S32K 系列具有集成的安全概念，目标定位需要 ASIL-B 安全级别的安全相关的系统。总而言之，整体安全利用 S32K 的安全特征来实现。

S32K 安全系统框架如图 3-16 所示。

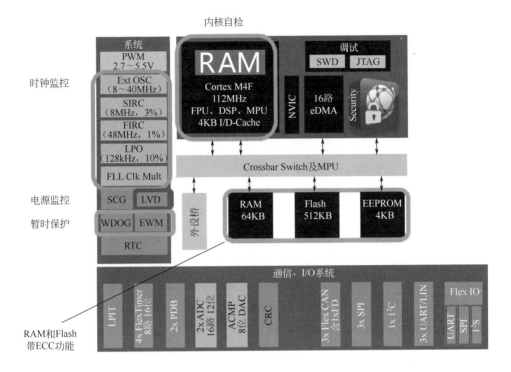

图 3-16　S32K 安全系统框架

1. Cortex M4F/M0+ 结构性内核自检

Cortex M4F/M0+ 结构性内核自检（Structural Core Self Test，SCST）是 NXP 的软件产品，它通过执行带有确定操作数的机器码，并且比较执行结果来检测内核中的硬件永久故障。这个库的开发是 SEooC 开发，是根据 ASIL-B 开发的。

SCST 发布文件包括质量包、安全包、SCST 库。

- 质量包包括代码覆盖分析、一份 MISRA 报告、一个软件需求规范和一个测试规范；

- 安全包包括 SCST 故障覆盖估计、安全分析和概念及 SCST 安全手册；

- SCST 库的安全手册包括一个需要满足的推荐和假设列表，它由用户验证以正确使用。

2. 带 ECC 功能的 RAM 和 Flash 内存

ECC 被用来保护从 CPU 到 Flash 内存，以及从 CPU 到系统内存间的传输。ECC 实现方式为单错误纠正双错误检测（Single Error Correct and Double Error Detect，SEC/DED）。

3. 电源监控

S32K 系列包含一个管理低电压调理的系统，在供电电压变化时保护内存内容并控制 MCU 的系统状态。

- 上电复位（Power-On Reset，POR）。

- 低电压检测（Low Voltage Detect，LVD）。

4. 时钟监控

S32K 系列中的时钟由时钟监控单元来管理。

- 系统 PLL 时钟监控：监控 PLL 时钟的损失。

- 系统晶振时钟（System Oscillator Clock，SOSC）监控：监控晶振时钟的损失。

- CMU：监控时钟损失，并且判断是否超出高范围和低范围。

5. 暂时保护

在安全概念中，看门狗定时器通过软件进行周期通信提供暂时保护，并且监控系统的操作。S32K 系列提供如下两个看门狗定时器。

- 看门狗定时器（Watchdog Timer，WDOG）：可以被系统使用的、独立的定时器。它提供安全特性以保证软件正在按计划执行，并且 CPU 没有陷入无限循环中。

- 外部看门狗监控（External Watchdog Monitor，EWM）：用于安全的、冗余的看门狗系统。EWM 提供一个独立的输出信号，它不会复位 MCU 和外设。

6. 操作干扰保护

S32K 提供安全机制实现以下功能：

- 通过安全核的操作阻止非安全主机被干扰；

- 管理软件以不同的 ASIL 同步执行。

内存保护机制包含以下层次：

- 系统内存保护单元（Memory Protection Unit，MPU）；

- 外设保护；

- 寄存器保护。

1）系统内存保护单元

对于 ASIL-B 应用来说，MPU 用来执行控制。它分配访问权限，并确保只有授权的软件任务可以配置模块及访问分配的资源。

- 系统 MPU 在 Crossbar Switch 提供内存保护。它将物理内存分为 16 个不同的区域。

- 每个 XBAR 主机（内核、DMA、Ethernet）可以被分配给不同的区域、赋予不同的访问权限。

- 系统 MPU 可以被用来阻止非安全主机（包括 DMA 或 Ethernet 控制器）访问被限制的内存区域。

2）外设保护

外设保护基于外设桥（AIPS-Lite）模块提供保护。它通过设定总线 Master 对片上不同外设的访问权限提供内存保护功能。

3）寄存器保护

S32K 系列为安全关键的寄存器提供寄存器保护。寄存器保护基于 CPU 编程执行模式"用户 VS 管理员模式"和另一种基于某种寄存器实现的锁定特性的访问限制类型。基于锁定特性的访问限制会阻止寄存器更新，直到下一次系统复位或要求一个特别的钥匙来解锁访问。

7. 循环冗余校验（Cyclic Redundancy Check，CRC）

CRC 模块通过计算内存或配置寄存器的 CRC 签名，并和以前计算得到的 CRC 比较，来检测它们内部数据的偶然改变。CRC 模块也可以检测数据在传输或存储过程中的变化。

8. 系统资源的多样性

与功能安全相关的特性通常在系统中都有冗余支持。S32K 系列具有多种系统资源以提供这种支持。

- 数据输入可以重复以获得安全关键输入的冗余。

- 安全关键的数字输出可以被冗余地写或执行回读操作。

- 模拟输入可以通过采样模式操作来检测影响 ADC 通道的瞬时故障，而且两个 ADC 单元可以获取并对连接安全相关信号的模拟信号的冗余备份进行数字化。

- 为了实现安全的通信信道冗余，S32K 系列提供冗余的通信外设实例，包括：

  ○ 同步串行通信控制器（Low Power Serial Peripheral Interface，LPSPI）模块；

  ○ FlexIO 模块，可以支持广泛的协议（UART、I^2C、SPI、I^2S）和 PWM/波形产生；

  ○ UART 模块，支持 UART 和 LIN 通信。

3.4　软件开发环境

S32K 系列可使用 S32 Design Studio IDE 进行软件开发。S32 Design Studio IDE 是面向汽车和高可靠性 Power 架构（e200 核）及 ARM 核 MCU 的高度集成的开发环境，它可提供编辑、编译和调试功能。基于开源软件，包括 Eclipse IDE、GNU 编译器集（GNU Compiler Collection，GCC）和 GNU 调试器（GNU De-Bugger，GDB），S32 Design Studio IDE 给设计者提供一种无代码大小限制的开发工具。恩智浦软件及 S32 Design Studio IDE 可提供完整的开发环境以缩短开发时间。

其主要特征如下。

● 无代码限制的 IDE。

● 支持高级 FreeRTOS 内核调试。

● 外设寄存器视图。

● 可创建空白项目或建立基于软件开发包（Software Development Kit，SDK）的项目。

● 示例工程。

● 支持来自 Eclipse 生态系统或开发合作伙伴的 Eclipse Plugins。

● 支持语言：汇编、C 和 C++。

● 支持主操作系统：

　　○ 运行在 32 位和 64 位 OS 上的 32 位 Windows 7/8/10；

　　○ Ubuntu 14.04、16.04（64 位）；

　　○ Debian 8（64 位）；

　　○ CentOS 7（64 位）。

1. S32 Design Studio IDE 是什么

● 低成本 / 无成本的软件开发工具。

　　○ 开发和维护低成本；

　　○ 对客户而言无成本。

● 基于 GCC 编译器的性能。

● 可以支持和兼容第三方的工具（编译器&调试器）。

● 支持面向汽车安全需求的、昂贵的编译器。

● 集成了其他易用的软件工具以进行应用开发。

另外，它并不是：

● AUTOSAR 软件；

● Codewarrior 的替代版本；

● 豪华工具的替代（这些工具有高级调试功能，可提供更好的代码性能）。

2. S32 Design Studio IDE 的基本工具框架

S32 Design Studio IDE 的基本工具框架包括 3 个部分。

（1）基本的 GCC 编译器。

（2）基本的 GNU 调试器：基础调试接口，支持低成本 JTAG 调试器（P&E、Segger 和 OpenOCD）。

（3）基础 Eclipse 框架工业标准：

● C/C++具体开发；

● 集成编辑器和 C/C++工具；

● 超过 10000 Eclipse Plugins。

S32 Design Studio IDE 的基本工具框架如图 3-17 所示。

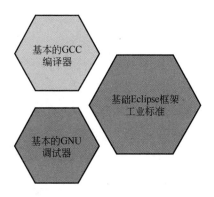

图 3-17　S32 Design Studio IDE 的基本工具框架

3. 基于 S32 Design Studio IDE 的开发步骤

（1）创建新的 S32 DS 工程：选择 MCU 和目标包。

（2）选择编译器：基本的 GCC 编译器或第三方编译器。

（3）选择调试器：基本的 GNU 调试器或第三方调试器。

（4）选择集成工具：

① Processor Expert；

② Bootloader；

③ FreeMASTER GUI；

④ 电机控制工具（Motor Control Tool，MCAT）。

（5）选择软件集成：

① 数据&电机控制库（Math and Motor Control Library，MMCL）；

② S32K SDK；

③ 内核自检软件；

④ Touch Sensing Function Library。

基于 S32 Design Studio IDE 的开发步骤如图 3-18 所示。

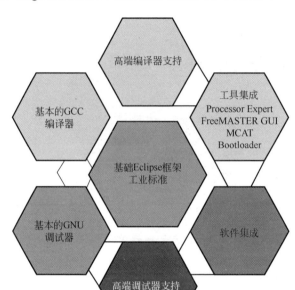

图 3-18　基于 S32 Design Studio IDE 的开发步骤

4. 第三方编译器支持

当对编译结果要求比较高时，可以选择符合 ISO 认证的第三方编译器，例如，Green Hills 和 IAR 都符合 ISO 26262 认证。此外，也可以选择第三方工具来提高代码性能及缩短代码长度。如图 3-19 所示，在软件环境中可以选择第三方编译器。

5. 第三方调试器支持

当需要代码支持的 Trace 功能及高级调试功能时，可以选择第三方高级调试器。这些调试器无缝植入 S32 Design Studio IDE 环境中，以解决挑战更大的软件问题。如图 3-20 所示，在软件环境中可以选择第三方调试器。

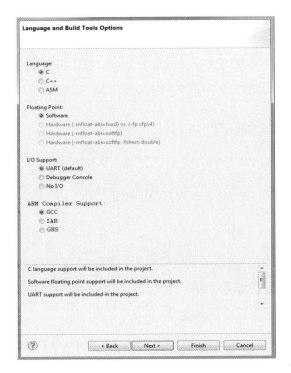

图 3-19 第三方编译器选择示例

图 3-20 第三方调试器选择示例

6．其他易用性工具集成

除集成第三方编译器、调试器等工具外，还可以集成其他易用性工具来简化应用开发。

● Processor Expert：初始化配置工具及代码生成。

● FreeMASTER GUI：信号调理和数据监控。

● Bootloader：基于 Flash 的 Bootloader。

● MCAT：电机控制应用调理。

在创建一个新工程时，可以自动、方便地使用这些工具，使得熟悉这些工具的用户可以更加容易地进行开发。如图 3-21 所示，在软件环境中可以选择多种易用性工具进行简化开发。

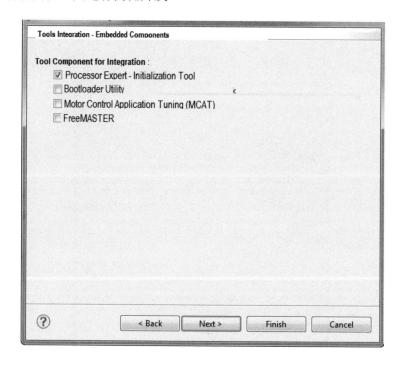

图 3-21　易用性工具选择示例

7．软件集成

在提供工具时，也可以选择集成一些软件。这些软件可以在创建新工程时把相关软件作为项目的一部分来创建，而不需要开发者去搜索并集成相关软件。

这些软件如下。

● Math and Motor Control Libraries。

　○ 库文件自动包含。

　○ 用户只需要将函数拖入源文件即可使用。

● S32K SDK。

　○ 基本驱动直接在工具内集成。

　○ 通过拖拽操作将它引入源文件即可使用。

● 内核自检软件。

图 3-22 所示为在软件环境中选择需要集成的软件。

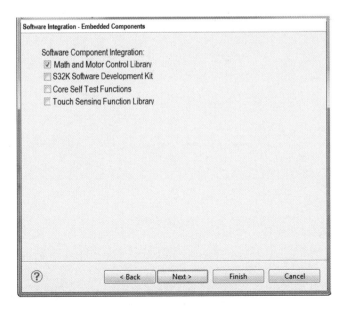

图 3-22　软件集成选择示例

第 4 章

AUTOSAR MCAL 软件架构详解

4.1 MCAL 架构介绍

如上文所述，MCAL 是 Micro-Controller Abstraction Layer（微控制器抽象层）的缩写。如图 4-1 所示，MCAL 位于 AUTOSAR 软件架构中基本软件（Basic Software，BSW）的底层，是可以直接访问 MCU 寄存器和内部外设的底层驱动。这样划分的目的是使上层软件（如 ECU 抽象层、系统服务层等）独立于 MCU 硬件平台，保证上层软件的标准化和通用性。

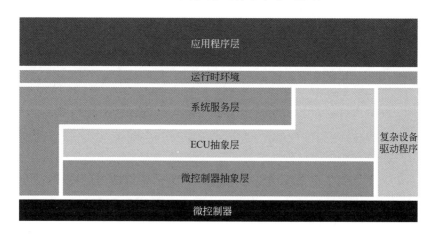

图 4-1　AUTOSAR 软件架构

AUTOSAR 规范根据 MCU 底层驱动功能的相似性，把 MCAL 抽象为 4 个驱动组，分别是微控制器驱动组（Microcontroller Drivers Group）、存储器驱动组（Memory Drivers Group）、通信驱动组（Communication Drivers Group）、

输入 / 输出驱动组（I/O Drivers Group）。图 4-2 描绘了 MCAL 这 4 个驱动组和微控制器内核和外设的映射关系。本章详细介绍 AUTOSAR 4.0 MCAL 软件架构及其各个驱动组的规范。

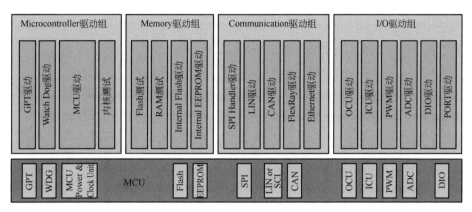

图 4-2　MCAL 4 个驱动组与微控制器内核和外设的映射关系

■ 4.1.1　Microcontroller 驱动组

Microcontroller 驱动组完成 MCU 内核及其外设的配置，主要包括 MCU 驱动（MCU）、看门狗驱动（Watch Dog，WDG）、通用定时器驱动（General Purpose Timers，GPT）。

1. MCU 驱动

MCU 驱动提供微控制器初始化、断电、重启等基本功能，以及 MCAL 其他驱动模块所需的特殊函数。MCU 驱动特性如下：

- 初始化 MCU 时钟、PLL、分频器、时钟树分配等；

- 初始化 RAM；

- 设置 MCU 低功耗模式；

- 设置 MCU 重启模式；

- 提供硬件复位源查询。

2. WDG 驱动

WDG 驱动控制 MCU 内部看门狗定时器，提供触发功能和模式选择服务。AUTOSAR 规范定义了 3 种模式：Fast Mode（快速模式）、Slow Mode（慢速模式）、OFF Mode（关闭模式）。

3. GPT 驱动

GPT 驱动初始化、控制 MCU 内部的通用定时器，用来产生一次性（One-shot）或者连续性（Continuous）的定时通知。GPT 驱动通常为操作系统（OS）提供定时服务，或者当 OS Alarm 负担过重时为 BSW 其他模块提供定时服务。

4.1.2 Memory 驱动组

Memory 驱动组提供对片上存储器（内部 Flash、内部 EEPROM 等）的初始化和控制功能，主要包括内部 Flash 驱动（FLS）、内部 EEPROM 驱动（EEP）。

1. FLS 驱动

FLS 驱动提供读、写、擦除 Flash 存储器服务，并且当底层硬件支持写/擦除保护时，FLS 驱动提供设置该保护机制的配置接口。通常在 ECU 的应用程序中，FLS 驱动仅在 Flash 模拟 EEPROM 时使用，把数据写到 Flash 存储器中。在应用程序中，FLS 驱动不应该写数据到 Flash 存储器中，这部分功能是在加载引导（Bootloader）时完成的，加载引导不在 AUTOSAR 规范讨论范畴内，故不在本书涉及。

2. EEP 驱动

EEP 驱动除提供读、写、擦除 EEPROM 服务之外，还提供把 EEPROM 中的数据块和内存（如 RAM）存储的数据块进行比较的功能。

4.1.3 Communication 驱动组

Communication 驱动组提供对 ECU 板载通信外设的（如 SPI 等）的初始化和控制功能，以及对汽车网络的通信外设（如 CAN 等）的初始化和控制功能，主要包括 SPI 驱动（SPI）、LIN 驱动（LIN）、CAN 驱动（CAN）、FlexRay 驱动（FR）、以太网驱动（ETH）。

1. SPI 驱动

SPI 驱动提供配置片上 SPI 外设、通过 SPI 总线从外部器件读取数据、写入数据到外部器件的服务。除此之外，SPI 驱动还提供访问一些特殊 SPI 器件（如 EEPROM、看门狗、I/O 专用芯片等）的服务，图 4-3 所示为不同 ECU 抽象层的组件通过 SPI 驱动访问片外器件驱动的调用关系示意。

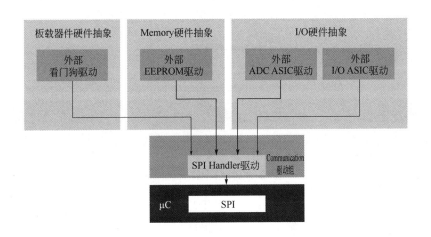

图 4-3 SPI 驱动访问片外器件驱动的调用关系示意

2. LIN 驱动

首先，这里有必要先明确一下 LIN 驱动的适用范围。LIN 驱动只适用于主节点应用（Master Mode），从节点应用（Slave Mode）并没有在 LIN 驱动中实现，在 AUTOSAR MCAL 规范中，LIN 驱动主节点的行为均符合 LIN 2.1 协议标准，不影响 LIN 总线的行为逻辑，因此，可以和当前任何 LIN 驱动从节点通信。另外，LIN 驱动适用于 SCI/UART 硬件模块或者完整的 LIN 控制器，并不适用于软件模拟 UART 的实现方式。

LIN 驱动直接访问 MCU 硬件模块，支持在同一个 LIN 硬件模块里的多通道 LIN 通信，提供独立的 API 函数供上层软件调用。AUTOSAR MCAL 规范定义由上层的 LIN 接口（LIN Interface）模块访问 LIN 驱动，图 4-4 所示为使用 LIN 驱动通信的软件分层架构。

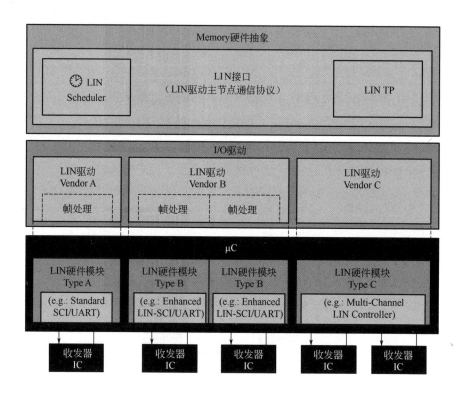

图 4-4　LIN 驱动通信软件分层架构

3. CAN 驱动

与 LIN 驱动类似，CAN 驱动直接访问 MCU 硬件模块，提供独立的 API 函数供上层软件调用。AUTOSAR MCAL 规范定义由上层的 CAN 接口（CAN Interface）模块访问 CAN 驱动。CAN 驱动提供控制 CAN 控制器行为和状态机等服务。另外，独立于硬件本身，CAN 驱动还提供发起 CAN 通信、调用上层 CAN 接口回调函数进行事件通知等服务。

4．FlexRay 驱动（FR 驱动）

芯片厂商根据 FlexRay 协议标准设计了 FlexRay 通信控制器（FlexRay Communication Controller，FlexRay CC），而 FR 驱动则抽象了 FlexRay CC 的硬件实现，也就是说 FlexRay CC 的特性都被囊括在了 FR 驱动中。对 FlexRay CC 一系列的访问被抽象成了统一的接口（API），上层软件模块只能通过这些接口来访问 FlexRay CC。一个 FR 驱动可以支持多个 FlexRay CC，但这些 FlexRay CC 必须为同一种硬件实现类型。如图 4-5 所示，作为 FR 驱动的调用者，FlexRay 接口（FlexRay Interface，FrIf）模块与底层 FlexRay CC 完全独立，而且 FR 驱动中没有主要功能函数（Main-Function）和中断服务函数（ISR），所有 FR 驱动的 API 函数仅在 FrIf 模块中运行。每个 FR 驱动都被分配唯一的前缀，FrIf 模块通过这些命名规则来访问不同的 FlexRay CC。

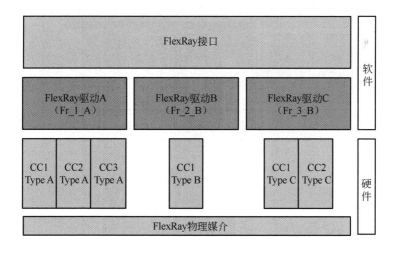

图 4-5　FlexRay 通信协议栈模型框架

5. 以太网驱动（ETH 驱动）

在整个以太网协议栈中，ETH 驱动的主要任务是给上层模块提供独立于硬件的接口——以太网接口（EthIf）。这个独立于硬件的接口对于所有的以太网控制器（MAC）都是统一的，因此，上层以太网接口以统一行为方式访问底层硬件。以太网驱动提供了对以太网控制器的初始化、设置和数据传输等功能。

一个以太网驱动可以支持多个以太网控制器，但这些以太网控制器必须为同一种硬件实现类型。如图 4-6 所示，每个以太网驱动都被分配唯一的前缀，以太网接口通过这些命名规则来访问不同的以太网控制器。

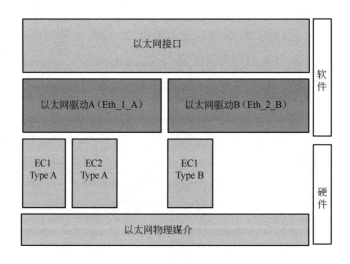

图 4-6　以太网协议栈模型框架

4.1.4　I/O 驱动组

I/O 驱动组完成 MCU 片上以下输入 / 输出模块的驱动：端口控制（PORT）驱动、数字 I/O 引脚（DIO）驱动、模数转换（ADC）驱动、PWM驱动、输入捕获（ICU）驱动、输出比较（OCU）驱动。

1. PORT 驱动

PORT 驱动实现片上端口配置和引脚复用的功能，提供配置和初始化 MCU 所有端口 / 引脚的服务。例如，将引脚功能配置为通用 I/O、ADC、SPI 等。

2. DIO 驱动

作为 DIO 驱动使用的引脚首先需要在 PORT 驱动中配置和初始化，然后才能使用 DIO 驱动读 / 写引脚上的逻辑状态。

3. ADC 驱动

ADC 驱动实现初始化、控制 MCU 内部的 ADC 模块的功能，可以使能触发源发起模数转换，以及关闭触发源停止模数转换。此外，ADC 驱动提供通知机制（Notification）查询模数转换的状态和结果。

4. PWM 驱动

PWM 驱动提供 MCU 芯片内部 PWM 模块初始化和控制的功能。PWM 驱动中定义的 PWM 通道，都与 MCU 内部模块的 PWM 硬件通道对应。PWM 驱动能产生可变脉宽的脉冲信号，支持设置占空比和周期。但是，AUTOSAR MCAL 规范并未对 PWM 类型（中心对称 PWM、左边对称 PWM 等）做出规定，PWM 类型是由驱动提供商的具体实现方案决定的。

5. ICU 驱动

ICU 驱动完成 MCU 内部输入捕获模块的功能，用于解调 PWM 信号、脉冲计数、测量信号周期和占空比、产生普通中断和唤醒中断等。ICU 驱动提供如下服务：

- 信号边沿检测、产生相应通知；

- 唤醒中断控制；

- 周期信号测量；

- 信号边沿时间戳（用于非周期信号）；

- 边沿计数。

6. OCU 驱动

OCU 驱动完成 MCU 内部输出比较模块的初始化和控制的功能。OCU 驱动中定义的软件通道，与 MCU 内部的输出比较硬件通道对应。当通用计数器的值与预设阈值匹配时，OCU 驱动自动做出相应动作。

一些 MCU 并没有专门的 OCU 驱动，是利用通用计数器完成输出比较功能的。在 AUTOSAR MCAL 规范中，并没有规定 OCU 驱动的硬件架构，只定义了参数和用户接口函数，因此，OCU 驱动可以用于任何适合的硬件平台。OCU 驱动提供如下服务：

- 开始、停止通用计数器比较；

- 设置比较阈值；

- 使能、关闭通知机制；

- 获取通用计数器当前值；

- 改变输出引脚电平状态；

- 触发其他硬件资源（ADC、DMA 等）。

4.2 MCAL 主要驱动模块 API 的使用方法

在 4.1 节中，我们对 AUTOSAR MCAL 软件架构做了介绍。除此之外，AUTOSAR MCAL 规范还将每个驱动模块的 API 函数接口、数据类型等标准化，以便于更高效地封装功能组件，实现 E/E 架构在整个车辆产品系列范围内的功能重用，提高其可扩展性。下面介绍 MCAL 主要驱动模块 API 的使用方法。

4.2.1　MCU 驱动模块 API 的使用方法

MCU 驱动模块提供了如表 4-1 所示的 API 供上层软件组件调用。

表 4-1　MCU 驱动模块提供的 API

API	函数定义
Mcu_Init	初始化 MCU 驱动模块（如掉电配置、时钟配置、RAM 配置等）
Mcu_InitRamSection	初始化 RAM，将 RAM 空间填充预设值
Mcu_InitClock	初始化 PLL 时钟和其他相关时钟
Mcu_DistributePllClock	使能 PLL 时钟
Mcu_GetPllStatus	查询 PLL 锁相状态
Mcu_GetResetReason	读出复位类型（须硬件支持）
Mcu_GetResetRawValue	读出硬件复位寄存器的原始值（须硬件支持）
Mcu_PerformReset	执行复位操作
Mcu_SetMode	设置 MCU 功耗模式
Mcu_GetVersionInfo	返回 MCU 驱动模块的版本信息
Mcu_GetRamState	查询 RAM 状态（须硬件支持）

在 MCU 驱动模块初始化过程中，API 调用顺序依赖于实际应用，但 Mcu_Init 函数必须在上电后首先执行，调用 Mcu_GetPllStatus 查询 PLL 锁相状态。图 4-7 所示为上电后 MCU 驱动模块初始化 API 调用流程。

4.2.2　PORT 驱动模块 API 的使用方法

PORT 驱动模块初始化 MCU 所有的端口。在 AUTOSAR MCAL 规范中，PORT 驱动模块提供的 API 如表 4-2 所示。

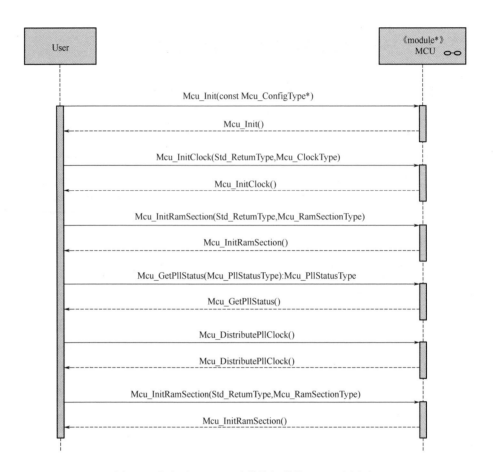

图 4-7　上电后 MCU 驱动模块初始化 API 调用流程

表 4-2　PORT 驱动模块提供的 API

API	函数定义
Port_Init	初始化 PORT 驱动模块
Port_SetPinDirection	设置引脚输入、输出方向
Port_RefreshPortDirection	刷新端口方向配置
Port_GetVersioninfo	返回 PORT 驱动模块的版本信息
Port_SetPinMode	设置引脚模式

　　PORT 驱动模块初始化必须在 MCU 驱动模块初始化之后完成，AUTOSAR MCAL 规范给出了初始化 PORT 驱动模块的标准调用流程，如图 4-8 所示。

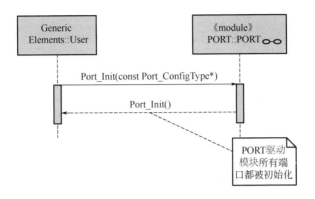

图 4-8　初始化 PORT 驱动模块的标准调用流程

4.2.3　PWM 驱动模块 API 的使用方法

PWM 驱动模块提供了如表 4-3 所示的 API 供上层软件组件调用。

表 4-3　PWM 驱动模块提供的 API

API	函数定义
Pwm_Init	初始化 PWM 驱动模块
Pwm_Deinit	将 PWM 驱动模块恢复至默认状态
Pwm_Setdutycycle	设置 PWM 驱动模块通道的占空比
Pwm_Setperiodandduty	设置 PWM 驱动模块通道的周期和占空比
Pwm_Setoutputtoidle	设置 PWM 驱动模块通道的输出为空闲状态
Pwm_Getoutputstate	读取 PWM 驱动模块通道的输出状态
Pwm_DisableNotification	关闭边沿检测事件通知
Pwm_EnableNotification	使能边沿检测事件通知
Pwm_GetVersioninfo	返回 PWM 驱动模块的版本信息

AUTOSAR MCAL 规范给出了使用 PWM 驱动模块初始化 API 的标准调用流程，图 4-9 所示为使能 / 关闭边沿检测事件通知的 API 调用流程。

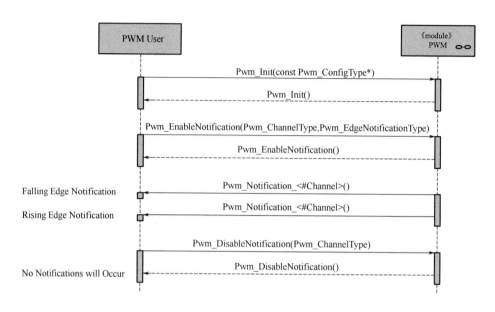

图 4-9 使能 / 关闭边沿检测事件通知的 API 调用流程

4.2.4 ADC 驱动模块 API 的使用方法

前面章节介绍了 ADC 驱动模块能够实现的功能，主要有模块初始化、控制 MCU 内部 ADC 驱动模块、使能触发源发起模数转换、关闭触发源停止模数转换、提供通知机制以查询模数转换状态和结果。

MCU 驱动模块要在 ADC 驱动模块使用之前完成初始化，在前面章节讲到 MCU 驱动模块主要完成 MCU 内部时钟的设置和分配，这些设置会影响 ADC 驱动模块触发频率、模数转换和采样时间。除此之外，PORT 驱动模块还要先配置 ADC 驱动模块使用的引脚，ADC 驱动模块提供了如表 4-4 所示的 API 供上层软件组件调用。

表 4-4 ADC 驱动模块提供的 API

API	函数定义
Adc_Init	初始化 ADC 驱动模块
Adc_SetupResultBuffer	配置结果缓存
Adc_Deinit	将 ADC 驱动模块恢复至默认状态

续表

API	函数定义
Adc_StartGroupConversion	打开模数转换通道组的所有通道进行模数转换
Adc_StopGroupConversion	停止模数转换通道组的所有通道的模数转换
Adc_ReadGroup	读取模数转换通道组最后一轮模数转换的结果，并存入指定的结果缓存指针中
Adc_EnableHardwareTrigger	使能模数转换通道组为硬件触发方式
Adc_DisableHardwareTrigger	关闭模数转换通道组为硬件触发方式
Adc_EnableGroupNotification	使能模数转换通道组的事件通知
Adc_DisableGroupNotification	关闭模数转换通道组的事件通知
Adc_GetGroupStatus	获取模数转换通道组的状态
Adc_GetSreamLastPointer	获取结果缓存的最后指针
Adc_GetVersionInfo	返回 ADC 驱动模块的版本信息

　　ADC 驱动模块是以模数转换通道组（ADC Channel Group）为处理单元工作的，模数转换通道组中包含多个隶属于相同 ADC 硬件模块的 ADC 实体，ADC 实体将每个模拟输入引脚（ADC 通道）、模数转换电路、模数转换结果寄存器作为一个实体访问和控制。一个模数转换通道组会由一个触发源触发。

　　ADC 驱动模块的触发方式分为软件触发（Software Trigger）和硬件触发（Hardware Trigger）。所谓软件触发，即通过 API 控制是否开启模数转换；所谓硬件触发，即模数转换是由 ADC 硬件模块的内部计时器、触发沿信号等发起的，或者由 MCU 内部其他模块触发的。例如，在恩智浦 S32K 系列 MCU 中，ADC 驱动模块默认的硬件触发源是 MCU 内部可配置的延迟模块（PDB 模块），这样的设计使 ADC 驱动模块采样时间的规划更加灵活，特别适用于电机控制、DC-DC 这种对于 ADC 驱动模块采样时间有严格要求的应用场景。

ADC 的转换方式分为单次转换和连续转换。单次转换,模数转换通道组经硬件触发或软件触发后开始采样转换,并将结果写入分配的结果缓存中;连续转换,模数转换通道组经 API 调用开始采样转换,将结果写入分配的结果缓存中,直至 API 调用停止该采样转换。表 4-5 给出了通常用户所需的 ADC 功能和 ADC 驱动模块处理方式的映射关系。

表 4-5　用户所需 ADC 功能和 ADC 驱动模块处理方式的映射关系

所需 ADC 功能	ADC 驱动模块处理方式
单个通道,单次转换	软件触发,单次转换。模数转换通道组中只有一个 ADC 通道
单个通道,周期转换	硬件触发,单次转换。模数转换通道组中只有一个 ADC 通道
单个通道,重复转换	连续转换。模数转换通道组中只有一个 ADC 通道
多个通道,单次转换	软件触发,单次转换。模数转换通道组中有多个 ADC 通道
多个通道,周期转换	硬件触发,单次转换。模数转换通道组中有多个 ADC 通道
多个通道,重复转换	连续转换。模数转换通道组中有多个 ADC 通道

上文提到,模数转换完成后结果会写入分配的结果缓存中,用户需要给每个模数转换通道组分配缓存(Result Buffer)。用户访问这个缓存的方式也分为两种:流访问方式(Streaming Access Mode)、单次访问方式(Single Access Mode)。在流访问方式下,结果缓存会记录模数转换通道组的多次结果;而在单次访问方式下,结果缓存只会记录模数转换通道组的单次结果。用户通过 Adc_GetStreamLastPointer 这个 API 访问结果缓存,该 API 会返回当前模数转换通道组最近一轮模数转换在结果缓存中的位置,以及结果缓存中有效的结果数量(单次访问方式可被视为流计数器为 1 的流访问方式)。用户通过 Adc_ReadGroup 这个 API 可得到当前模数转换通道组的结果。

AUTOSAR MCAL 规范给出了 ADC 驱动模块初始化 API 的标准调用流程,如图 4-10 和图 4-11 所示。

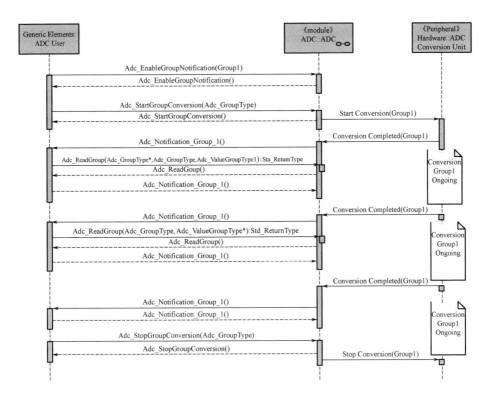

图 4-10　ADC 驱动模块初始化 API 的标准调用流程（软件触发，连续转换，使能事件通知）

■ 4.2.5　SPI 驱动模块 API 的使用方法

AUTOSAR MCAL 根据通信方式把 SPI 驱动模块分为如下 3 个功能等级。

● LEVEL 0：同步 SPI 驱动模块，以同步方式通信。

LEVEL 0 功能等级提供轻量级的 SPI 驱动服务，只能处理简单的同步通信。这里"简单的同步通信"可以理解为在通信过程中调用的函数是阻塞的，换句话说，其他函数在通信完成之前不能打断当前通信调用的函数。这样的通信方式通常用于简单 SPI 总线网络中，以及与片外高速器件通信的 ECU 上。

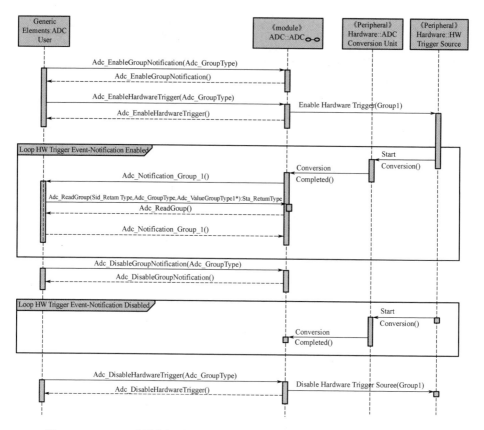

图 4-11 ADC 驱动模块初始化 API 的标准调用流程（硬件触发，单次转换）

● LEVEL 1：异步 SPI 驱动模块，以异步方式通信。

LEVEL 1 功能等级提供轻量级的 SPI 驱动服务，只能处理异步通信。所谓异步通信，是指通信过程调用的函数是非阻塞的，其他函数可以继续执行而无须等待通信完成。通信完成后以通知事件（Notification）告知用户，在软件上可以由中断或者轮询的方式实现。这样的通信方式通常用于具有不同优先级的 SPI 总线网络中，以及与片外低速器件通信的 ECU 上。

● LEVEL 2：高级的 SPI 驱动模块，以同步或异步方式通信。

LEVEL 2 功能等级提供了完整的 SPI 驱动服务，能够处理同步通信和异步通信。这种模式通常用于有多个 SPI 硬件单元的 MCU 上，MCU 需要处理多个 SPI 任务，既包括针对不同优先级的任务，也包括针对不同速度片外器件的任务。例如，一个 SPI 硬件通过同步方式与片外高速器件通信，另一个 SPI 硬件通过异步方式与片外低速器件通信。

除此之外，AUTOSAR MCAL 还对 SPI 总线和控制器的行为做了以下定义。

- 通道（Channel）：数据在软件上是以 SPI 通道为媒介进行通信的，在同一个 SPI 通道中传输的配置参数、数据长度、源地址、目的地地址等数据属性是相同的。

- 任务（Job）：一个 SPI 任务中可以包含多个 SPI 通道，这些通道必须使用相同的片选信号，而且片选信号在该 SPI 任务中不能释放给其他任务。换句话说，一个 SPI 任务通常与一个 SPI 器件通信，这个通信过程可能会包含多个 SPI 帧。由于任务不可再分，因此一个任务在执行时不能被其他任务打断。

- 序列（Sequence）：一个 SPI 序列包含多个连续的 SPI 任务，但这些任务可以根据优先级调整时序。SPI 序列根据配置要求，可以选择是否可被其他序列打断。

如图 4-12 所示，在 SPI 时序中标出了 SPI 通道、任务、序列的定义，有助于读者直观地理解上述 3 个定义。在 AUTOSAR MCAL 配置时，SPI 通道只定义一次，但根据用户应用需求可以配置在不同的 SPI 任务中；同样，SPI 任务只定义一次，但可以配置在不同的 SPI 序列中。

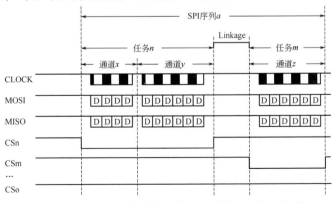

图 4-12 在 SPI 时序中标出的 SPI 通道、任务、序列

　　为充分利用 MCU 本身的性能，并且允许 SPI 控制器从指定的内存地址发送数据（或接收数据到指定的内存地址），所有 SPI 功能等级（LEVEL 0、LEVEL 1、LEVEL 2）都可以选择 SPI 通道缓存的位置，分为内部缓存（Internal Buffer，IB）的通道和外部缓存（External Buffer，EB）的通道。内部缓存是指发送 / 接收数据的缓存是由 SPI 驱动模块分配的。有的 MCU 的 SPI 控制器内部有独立缓存，因此，设计内部缓存的通道是为了利用这类 MCU 本身的性能；如果 MCU 的 SPI 控制器内部没有独立缓存，则使用软件模拟。外部缓存是指发送 / 接收数据的缓存是由用户指定的，这也是为了复用外部缓存空间。SPI 驱动模块提供了如表 4-6 所示的 API 供上层软件组件调用。

表 4-6　SPI 驱动模块提供的 API

API	函数定义
Spi_Init	初始化 SPI 驱动模块
Spi_DeInit	将 SPI 驱动模块恢复至默认状态
Spi_WriteIB	将数据写入通道内部缓存中
Spi_AsyncTransmit	采用异步方式发送数据
Spi_ReadIB	采用同步方式从通道内部缓存中读取数据
Spi_SetupEB	给外部缓存的通道装载外部缓存和数据长度
Spi_GetStatus	返回 SPI 驱动模块的当前状态
Spi_GetJobResult	获取当前 SPI 任务的最新结果
Spi_GetSequenceResult	获取当前 SPI 序列的最新结果
Spi_GetVersionInfo	返回 SPI 驱动模块的版本信息
Spi_SyncTransmit	采用同步方式发送数据
Spi_GetHWUnitStatus	返回当前 SPI 硬件模块的状态
Spi_Cancel	取消当前正在执行的 SPI 通信
Spi_SetAsyncMode	设置 SPI 为异步方式通信

　　AUTOSAR MCAL 规范中给出了同步方式通信和异步方式通信下 SPI 驱动模块 API 调用流程，图 4-13 所示为内部缓存通道在异步方式通信下 SPI 驱动模块 API 调用流程。

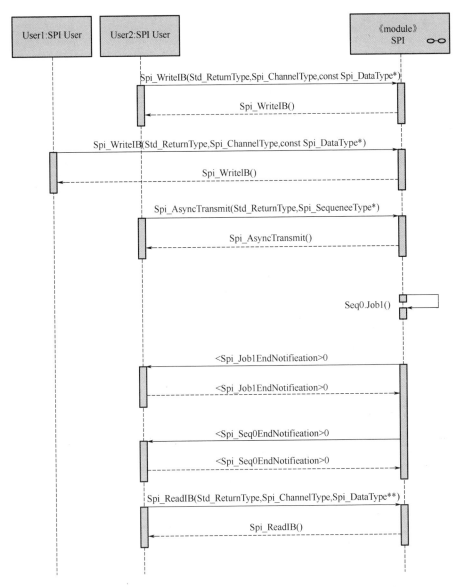

图 4-13　内部缓存通道在异步方式通信下 SPI 驱动模块 API 调用流程

4.2.6　GPT 驱动模块 API 的使用方法

GPT 驱动模块可以初始化、控制 MCU 内部的通用寄存器，并且为如下功能提供接口函数和配置参数：

- 启动、停止硬件计时器；

- 获取硬件计时器的值；

- 控制时间触发的中断通知；

- 控制时间触发的唤醒中断（须硬件支持）。

并不是所有的硬件计时器都由 GPT 驱动模块控制，一些硬件计时器由 OS 驱动模块或者复杂驱动（CDD）模块控制。一个计时通道的节拍时长是由通道配置参数及 MCU 驱动模块中系统时钟分布决定的，在 AUTOSAR MCAL 规范中并未对节拍时长进行限制。GPT 驱动模块提供了如表 4-7 所示的 API 供上层软件组件调用。

表 4-7　GPT 驱动模块提供的 API

API	函数定义
Gpt_GetVersionInfo	返回 GPT 驱动模块的版本信息
Gpt_Init	初始化 GPT 驱动模块
Gpt_DeInit	将 GPT 驱动模块恢复至默认状态
Gpt_GetTimeElapsed	返回已计时的时间
Gpt_GetTimeRemaining	返回距离目标时间的剩余时间
Gpt_StartTimer	打开 GPT 通道
Gpt_StopTimer	关闭 GPT 通道
Gpt_EnableNotification	使能事件通知
Gpt_DisableNotification	关闭事件通知
Gpt_SetMode	设置 GPT 驱动模块运行模式
Gpt_DisableWakeup	关闭唤醒
Gpt_EnableWakeup	打开唤醒
Gpt_CheckWakeup	检查 GPT 通道是否为唤醒源，并在有效的 GPT 唤醒发起时调用 ECU 状态管理器 EcuM_SetWakeupEvent 函数

使用函数 Gpt_GetTimeElapsed、Gpt_GetTimeRemaining 可以获得当前计时器已计时时间和剩余时间。图 4-14 所示为连续计时模式下计时器已计时时间和剩余时间。使用 Gpt_StartTimer、Gpt_StopTimer 可以单独打开或关闭每

个计时器通道。Gpt_StartTime 会把参数传入目标时间，因此，目标时间在每次打开计时器通道时都可以设置。计时器通道有两种模式：一次计时模式和连续计时模式。当通道被配置为一次计时模式时，计时器计时到目标时间后会自动停止并保持当前值不变，同时计时器通道状态从"运行"变为"逾时"，图 4-15 所示为一次计时模式下计时器的状态流程。

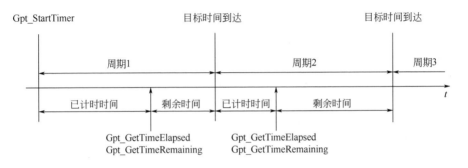

图 4-14　连续计时模式下计时器已计时时间和剩余时间

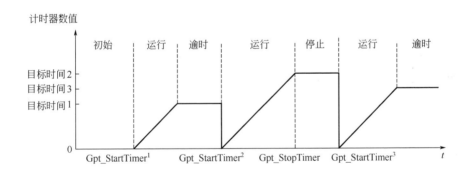

图 4-15　一次计时模式下计时器的状态流程

当计时器通道被配置为连续计时模式时，计时器计时到目标时间后会继续在下一个节拍从 0 开始计时，因此，计时周期=目标时间+1。图 4-16 所示为连续计时模式下计时器的状态流程。

在 AUTOSAR MCAL 规范中给出了一次计时模式下 GPT 驱动模块 API 的调用流程，如图 4-17 所示。

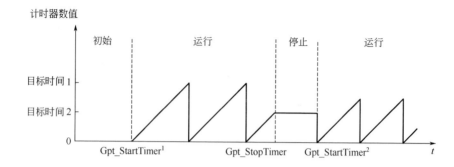

图 4-16 连续计时模式下计时器的状态流程

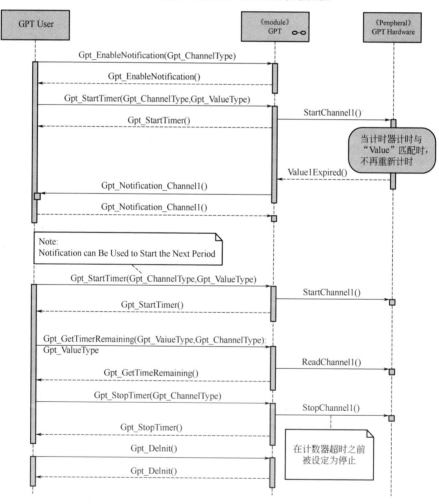

图 4-17 一次计时模式下 GPT 驱动模块 API 的调用流程

在 AUTOSAR MCAL 规范中给出了连续计时模式下 GPT 驱动模块 API 的调用流程，如图 4-18 所示。

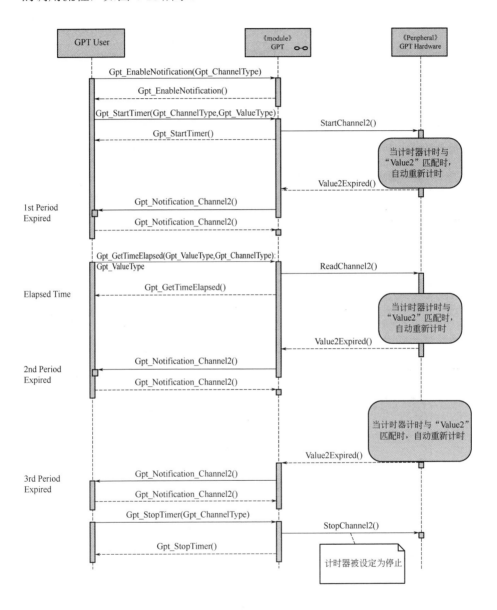

图 4-18　连续计时模式下 GPT 驱动模块 API 的调用流程

4.2.7 CAN 驱动模块 API 的使用方法

AUTOSAR MCAL 规范定义了软件架构,尤其对 CAN、LIN 车载网络协议的使用和通信给出了非常完整和详细的分层定义。图 4-19 所示为 AUTOSAR MCAL 规范给出的 CAN 网络服务的分层架构,从下至上能够看出,AUTOSAR MCAL 中的 CAN 驱动模块只是整个 CAN 网络服务分层架构的底层部分,它完成对芯片硬件的抽象,提供对芯片 CAN 控制器的访问和控制等功能,中间层的通信层硬件抽象(Communication Hardware Abstraction)

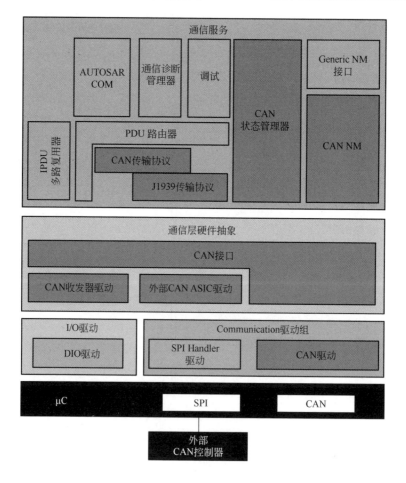

图 4-19 AUTOSAR MCAL 规范给出的 CAN 网络服务分层架构

是对所有 CAN 通信硬件的抽象，使得上层部件访问 CAN 通道时不必区分是片外还是片内；顶层的通信服务（Communication Services）则提供了通信协议栈、网络管理、通信诊断，并且对应用层隐藏了协议和消息属性等服务。本书主要对 AUTOSAR MCAL 部分内容进行解读，下面只对 AUTOSAR MCAL 中 CAN 驱动模块进行详细介绍，有关中间层的通信层硬件抽象和顶层的通信服务的内容不在本书中过多展开。

CAN 驱动模块的主要功能为发起 CAN 通信、调用 CANIF 模块的回调函数作为事件通知、控制 CAN 控制器状态和行为。CAN 驱动模块提供了如表 4-8 所示的 API 供上层软件组件调用。

表 4-8　CAN 驱动模块提供的 API

API	函数定义
Can_Init	初始化 CAN 驱动模块
Can_GetVersionInfo	返回当前 CAN 驱动模块的版本信息
Can_CheckBaudRate	检查当前 CAN 控制器是否支持指定的波特率
Can_ChangeBaudrate	修改当前 CAN 控制器的波特率
Can_SetControllerMode	软件触发 CAN 状态管理器的转换
Can_DisableControllerInterrupts	关闭 CAN 控制器所有允许的中断
Can_EnableControllerInterrupts	使能 CAN 控制器所有允许的中断
Can_CheckWakeup	检查 CAN 控制器是否有唤醒发生
Can_Write	发起 CAN 通信

在 AUTOSAR MCAL 规范中给出了发起 CAN 通信的 API 调用样例，从图 4-20 可以看出上层组件 CANIF 模块通过调用 Can_Write 这个 API 发起 CAN 通信。

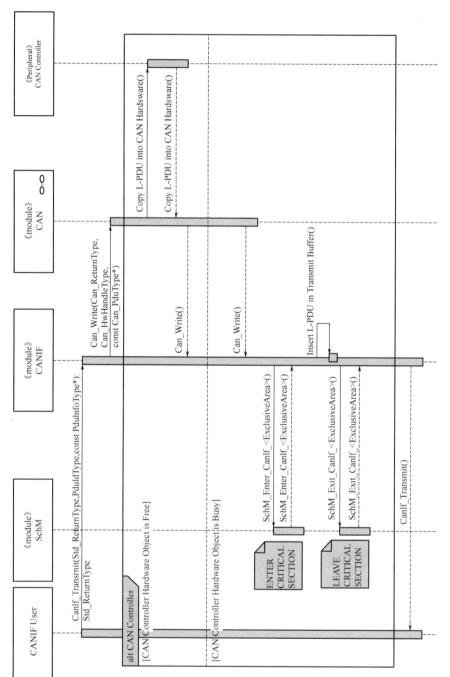

图 4-20 发起 CAN 通信的 API 调用样例

第 5 章
Chapter 5

AUTOSAR MCAL 配置参考实例

第 4 章对 AUTOSAR MCAL 中主要驱动模块进行了详细介绍，并给出了 AUTOSAR MCAL 规范中主要驱动模块 API 调用流程。相信读者在阅读完前几章内容后对 AUTOSAR MCAL 也有了一定的认识，本章以恩智浦 S32K144 微控制器为例，使用 EB Tresos 配置工具，讲解如何对 AUTOSAR MCAL 模块进行配置。

首先，有必要介绍一下恩智浦 S32K1 系列 MCU 的主要性能参数，以便读者对 AUTOSAR MCAL 模块配置的理解更加直观。恩智浦 S32K1 系列 MCU 是基于 32 位 ARM Cortex M0+/M4F 内核的汽车等级 MCU，与上一代 KEA 系列 MCU 相比，S32K1 系列 MCU 有更大的 Flash 储存空间、更加丰富的外设接口，可广泛应用于汽车和高可靠性工业领域。S32K1 系列 MCU 采用 2.7～5.5V 供电系统，适用于汽车内复杂的电子环境。另外，在对成本敏感的应用场景下，S32K1 系列 MCU 也有小引脚数量的封装供选择。整个 S32K1 系列 MCU 都遵循统一外设和封装的原则，也就是说封装相同的 S32K1xx MCU 引脚都是兼容的，使用户在选型上有更大的灵活性，并且使用户在 S32K1 系列 MCU 内进行升级和替换更加方便。

S32K1 系列 MCU 分为 S32K11x 和 S32K14x 两个子系列。S32K11x 系列 MCU 基于 ARM Cortex M0+ 内核，主频最高为 48MHz；S32K14x 系列 MCU 基于 ARM Cortex M4F 内核，主频最高为 112MHz，详细参数如图 5-1 所示。

闪存/ EEPROM	高达2MB内存，带有ECC/ 4KB EEPROM	符合ISO 26262 ASIL-B的安全	低电压检测（LVD）、外部看 门狗监控器（EWM）、存储器 保护单元（MPU）
RAM	高达256KB，带有ECC	定时器/PWM	8×8路16位，支持电机控制
内核	ARM Cortex M4F内核，带 有IEEE-754 SPFPU	CAN	6个中有2个是CANFD控制器
速率	高达112MHz	低功耗	RTC、LPIT、SCG和ACMP
ADC	2×32路12位可编程延时模块 （PBD）作为硬件触发器	Flex IO	通信协议仿真，适合多个 LIN、SPI等
安全性	硬件安全引擎128位唯一标识符	电压范围	2.7～5.5V
内部时钟	128kHz低功耗振荡器，10% 8MHz内部慢速振荡器，3% 48MHz内部快速振荡器，1%	工作温度范围	−40～125℃

图 5-1　S32K1 系列 MCU 详细参数对比

　　本章使用的是 S32K144 MCU，图 5-2 所示为 S32K144 MCU 结构，它的 Flash 是 512KB，RAM 是 64KB，外设部分集成了 12 位高精度模数转换器、32 路 FlexTimer 计时器、CAN/CANFD 控制器、UART/LIN 控制器、SPI 控制器等。在接下来的章节中，我们使用 EB Tresos 配置工具完成 S32K144 MCU 的驱动配置，其中涉及对 MCU、GPT、ICU、PWM、SPI、CAN 驱动模块的配置，S32K144 MCU 与之相对应的硬件模块主要有 SCG（系统时钟产生器）、PCC（外设时钟控制器）、LPIT（低功耗中断定时器）、FTM（FlexTimer 多功能定时器）、SPI 控制器、CAN 控制器。在配置前，我们还会对 S32K144 MCU 相关硬件模块进行讲解，以便读者能够深入理解 AUTOSAR MCAL 配置是如何访问硬件资源的。

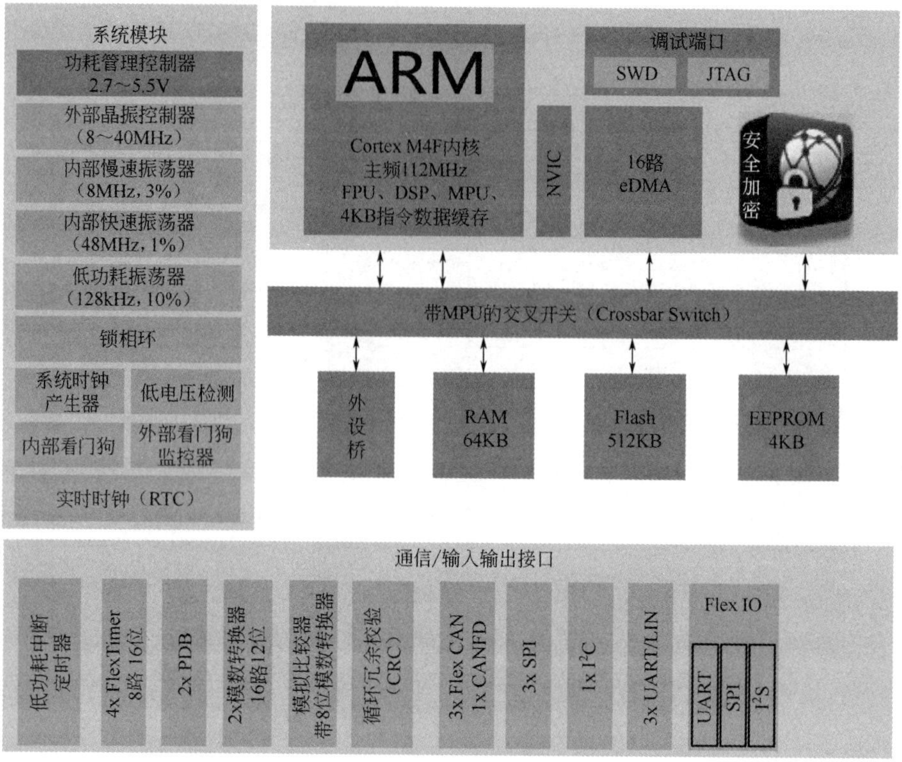

图 5-2　S32K144 MCU 结构

5.1　时钟及引脚分布基本配置

本节介绍使用 EB Tresos 配置工具对 AUTOSAR MCAL S32K144 MCU 的时钟和引脚做如下配置：

- 内核时钟 80MHz；

- 总线时钟 40MHz；

- Flash 时钟 20MHz；

- 引脚 PTD16 作为 GPIO 输出功能使用。

我们先来了解一下 S32K144 MCU 的时钟结构。S32K144 MCU 内部集成了 RC 振荡电路，同时也支持外部晶振输入 PLL 倍频，各时钟源及频率如下：

- 内部快速 RC 振荡电路（FIRC），频率为 48MHz；

- 内部慢速 RC 振荡电路（SIRC），频率为 8MHz；

- PLL 锁相环，输入时钟为外部晶振，频率为 8～40MHz；

- 低功耗振荡器（LPO），频率为 128kHz。

图 5-3 所示为 S32K144 MCU 的时钟分布，从图中能够看出，系统时钟可以通过多路选择器选择时钟源（FIRC、SIRC、LPO、SOSC）。在本实例中利用一个外部 8MHz 晶振通过 PLL 倍频，使内核时钟达到 80MHz，再对其分频得到总线时钟和 Flash 时钟。

5.1.1　新建 EB Tresos 配置工程

完成 EB Tresos 配置环境搭建及安装 S32K144 MCAL 软件包之后，打开 EB Tresos 配置工具，首先选择"File"→"New"→"Configuration Project"命令，新建一个 MCAL 配置工程，工程取名为"S32K144_MCAL_Sample"；接着指定 ECU ID 和 Target，本实例中 ECU ID 取名为"Clock_Config"，Target 选择"ARM/S32K14X"，如图 5-4 所示。另外，须留意生成代码的路径，在配置完成后要在该路径下找到生成的文件。

单击"Finish"按钮之后，在工程管理器（Project Explorer）窗口下可以看到新建的 MCAL 配置工程，双击打开后能看到名为"Clock_Config"的配置，双击发现在"Clock_Config"配置下只有"Resource"组件，这时就需要我们手动将所需要的组件加入当前配置。如图 5-5 所示，单击鼠标右键，在弹出的快捷菜单中选择"Module Configurations"命令，将所需要的组件添加到当前配置工程。在本实例中，我们添加了 MCU 驱动模块、PORT 驱动模块。

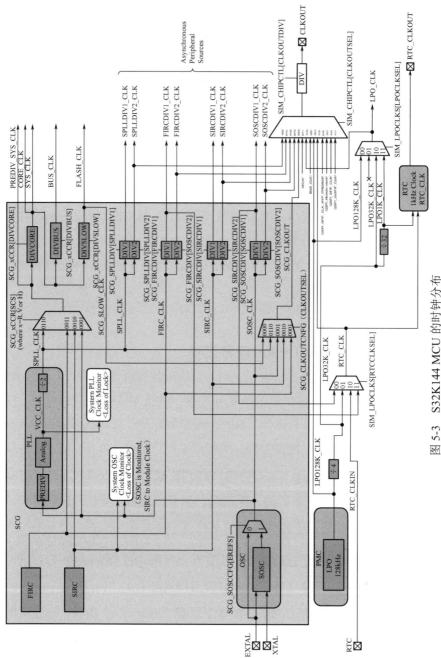

图 5-3　S32K144 MCU 的时钟分布

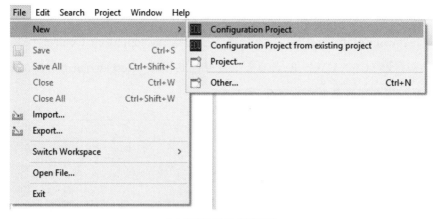

（a）新建 MCAL 配置工程

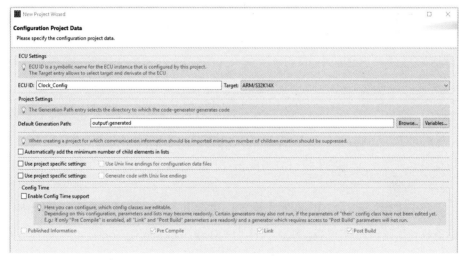

（b）对新建的 MCAL 配置工程命名

图 5-4　在 EB Tresos 配置工具中新建 MCAL 配置工程

5.1.2　MCU 驱动模块的配置

前文提到，MCU 驱动模块主要提供 MCU 基本的初始化、下电、复位及其他 MCAL 驱动模块所需要的特殊功能。具体到 S32K144 MCAL 软件包，MCU 驱动模块可配置如下硬件模块：系统时钟产生器（System Clock Generation，SCG）、系统集成模块（System Integration Module，SIM）、外设时钟控制器（Peripheral Clock Control，PCC）、功耗管理控制器（Power Management Controller，PMC）、系统模式控制器（System Mode Control，SMC）、内核寄存器（Cortex M4F Registers）、复位控制模块（Reset Controller Module，RCM）。下面主要演示时钟的配置。

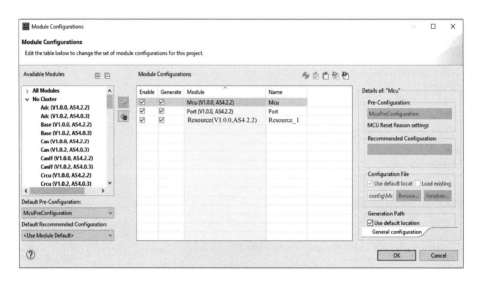

图 5-5　手动添加组件到 MCAL 配置工程

在 EB Tresos 的 MCU 配置页面中，单击进入"McuClockSettingConfig"标签栏，新建时钟配置表，默认名称为"McuClockSettingConfig_0"，如图 5-6 所示。双击进入该时钟配置表后可以看到很多标签栏（SOSC、SIRC、FIRC、PLL、SIM、PCC），在每个标签栏内配置相应的时钟属性。前文提到，为了使内核时钟达到 80MHz，可以利用外部 8MHz 晶振通过 PLL 倍频实现。于是，在"McuSOSCClockConfig"标签栏中对 SOSC 进行配置，如图 5-7 所示，在"SOSC Frequency"文本框中输入 8000000，在"SOSC Divider 1""SOSC Divider 2"文本框中分别输入分频系数，则对应 SOSC Div1/2 Frequency 会自动显示计算结果。相应地，按此配置方式在"McuSIRCClockConfig""McuFIRCClock Config"标签栏中进行配置。

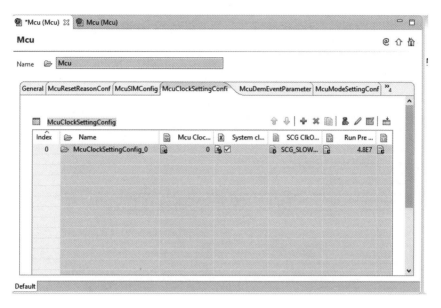

图 5-6　MCU 驱动模块时钟配置标签栏

McuClockSettingConfig

Name　McuClockSettingConfig_0

General | McuSOSCClockConfig | McuSIRCClockConfig | McuFIRCClockConfig | McuSystemPll | McuSIMClockConfig | McuPeripheralClockConfig

▼ **McuSystemOSCClockConfig**

Name　McuSystemOSCClockConfig

SOSC under MCU control			
SOSC Frequency (4000000 -> 40000000)	8000000.0		
SOSC Div2 Frequency (4000000 -> 20000000)	4000000.0		
SOSC Div1 Frequency (4000000 -> 40000000)	8000000.0		
SOSC Enable		SOSC clock monitor reset enable	
SOSC clock monitor enable			
SOSC Divider 2 (0 -> 64)	2		
SOSC Divider 1 (0 -> 64)	1		
SOSC Range Select	HIGH_FREQ_RANGE		
High Gain Oscillator Select		Select external reference clock	

图 5-7　在"McuSOSCClockConfig"标签栏对 SOSC 进行配置

在"McuSystemPll"标签栏中配置 PLL 的倍频、分频系数，这里配置分
频系数为 1、倍频系数为 40，这样外部 8MHz 晶振经过 40 倍倍频后得到

320MHz 的压控振荡时钟，再经过二分频就得到了 160MHz 的 PLL 输出时钟，如图 5-8 所示。

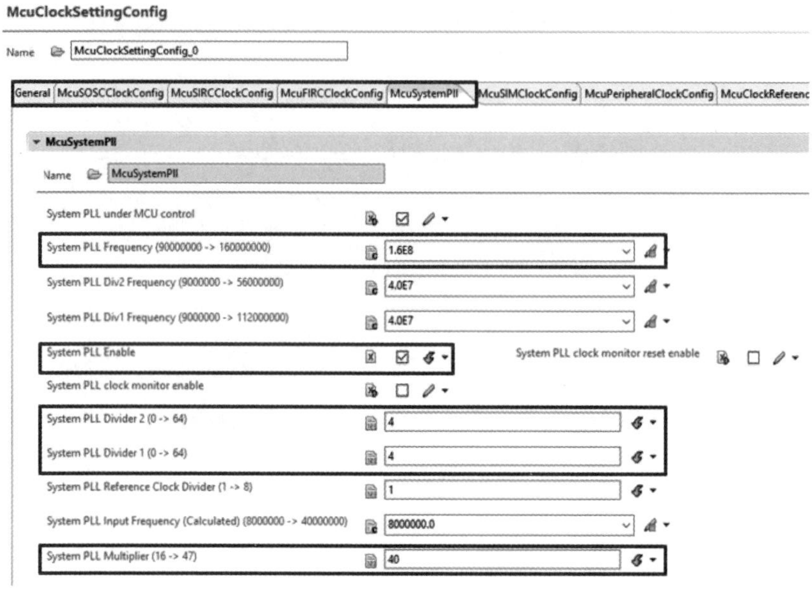

图 5-8　在"McuSystemPll"标签栏对 PLL 进行配置

接下来，需要将以上配置得到的 PLL 输出时钟分配为系统时钟使用。在" General "标签栏中有 3 个子菜单，分别是" McuRunClockConfig ""McuVlprClockConfig"和"McuHsrunClockConfig"，它们分别对应 S32K144的 3 种运行模式：Run、VLPR（Very Low Power Run）、HSRUN（High Speed RUN），这 3 种运行模式的区别在于允许运行的最高频率不同。表 5-1 所示为 S32K144 的 3 种运行模式允许运行的最高频率。

表 5-1　S32K144 的 3 种运行模式允许运行的最高频率

时钟类型	RUN	VLPR	HSRUN
内核时钟	80MHz	4MHz	112MHz
系统时钟	80MHz	4MHz	112MHz
Bus 时钟	48MHz	4MHz	56MHz
Flash 时钟	26.67MHz	1MHz	28MHz

在每种运行模式下，系统时钟都有单独的寄存器可以配置，这样的设计增加了灵活性、显著降低了功耗。图 5-9 所示为在 S32K 使用手册中对 RUN 运行模式下的时钟控制寄存器的说明。因此，在 AUTOSAR MCAL 配置页面上的 3 个子菜单就对应着 3 种运行模式下的时钟配置。

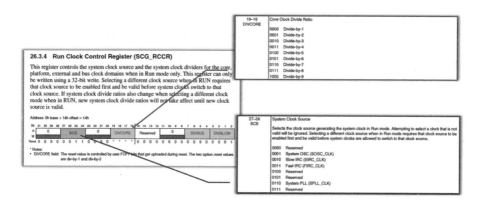

图 5-9　在 S32K 使用手册中对 RUN 运行模式下的时钟控制寄存器的说明

在 S32K144 上电后，可以默认它在 RUN 运行模式下工作，因此，在"McuRunClockConfig"子菜单中对 S32K144 进行时钟配置，如图 5-10 所示。在 RUN 运行模式下，S32K144 的时钟源为 SPLL，经过不同的分频系数得到了

图 5-10　在"McuRunClockConfig"子菜单中对 RUN 运行模式下的 S32K144 进行时钟配置

80MHz 的内核时钟、40MHz 的总线时钟和 20MHz 的 Flash 时钟。相应地，按
照此方式可对在 HSRUN、VLPR 运行模式下的时钟进行配置。

5.1.3 PORT 驱动模块的配置

为了方便演示后续实例，我们在本实例中演示如何将 PTD16 配置成 GPIO
输出功能。在 EB Tresos 的配置工程中进入 Port 驱动模块配置页面，在
"PortContainer" 标签栏新建名为 "PortContainer_0" 的配置表；双击进入
"PortContainer_0" 配置表后，在 "PortPin" 标签栏新建引脚配置表，名为
"PortPin_0"，如图 5-11 所示。

（a）在 "PortContainer" 标签栏配置端口和引脚功能

（b）在 "PortPin" 标签栏配置引脚功能

图 5-11　在 EB Tresos 配置工具中配置 PORT 驱动模块的端口和引脚

同一个"PortContainer"标签栏下的每个"PortPin"标签栏下的引脚配置表都会映射到芯片的某个引脚，按照如下步骤可正确配置 MCU 的引脚。

（1）在 S32K 使用手册中给出了端口和引脚功能复用的详细表格，打开 S32K 使用手册的附件 S32K144_IO_Signal_Description_Input_Multiplexing.xlsx，进入 IO Signal Table 表格找到需要使用的引脚，在本例中使用 PTD16，其复用功能如表 5-2 所示。

表 5-2　PTD16 复用功能

引　脚	控制寄存器	功能复用配置值	功　能	模　块	描　述	引脚方向
PTD16	PCR_PTD16	0000_0000	Disabled		引脚禁用	
		0000_0001	PTD16	PTD	端口输入/输出	输入/输出
		0000_0010	FTM0_CH1	FTM0	FTM 通道	输入/输出
		0000_0100	LPSPOI0_SIN	LPSPI0	LPSPI 串行数据输入	输入/输出
		0000_0101	CMP_RRT	CMP0	轮询端口输出触发	输出

（2）计算 PCR（Pin Control Register）寄存器的序号，S32K14x 系列 MCU 有 5 个端口，从 A 到 E 排列（对应数字 0～4），如下：

● 0——PORTA；

● 1——PORTB；

● 2——PORTC；

● 3——PORTD；

● 4——PORTE。

每个端口有 32 个引脚，引脚以如下顺序与端口对应：

● 0～31→PORTA；

- 32～63→PORTB；

- 64～95→PORTC；

- 96～127→PORTD；

- 128～159→PORTE。

PCR 寄存器的序号计算方法如下：

- 取当前引脚所在端口数乘以 32（以 PTD16 为例，3 乘以 32）；

- 取当前引脚序号（以 PTD16 为例，引脚序号为 16）；

- 将两者相加为 PCR 寄存器的序号（以 PTD16 为例，其 PCR 寄存器序号为 112）。

（3）在 EB Tresos 配置工具中进入之前新建的引脚"PortPin_0"配置表。

（4）在"PortPin Pcr"选项中输入刚才计算的 PCR 寄存器的序号。

（5）在"PortPin Mode"选项中选择所需的复用功能，并且在"PortPin Direction"中选择引脚方向（在本例中选择功能为 GPIO，方向为输出）。

（6）配置完引脚后，返回上一个配置页面，在"General"标签栏中修改配置引脚数目，如图 5-12 所示。

至此，就完成了对 PTD16 引脚功能的配置，PORT 驱动模块会给每个引脚分配序号（按照在配置页面中定义的顺序），在应用程序中会使用该序号作为索引，因此，在实际应用中建议用户把使用的所有引脚一次性地在 PORT 驱动模块中配置好，不建议随意改动。对于未使用到的引脚可以进行悬空处理，但为了降低功耗，建议将未使用的所有引脚均作为输入，并且使能内部上拉电路。在 EB Tresos 配置工具中可以对未使用的引脚进行统一配置，如图 5-13 所示。

PortPin

Name　📂　PortPin_0

General

| PortPin Passive Filter Enable | ☐ | PortPin Direction Changeable | ☑ 🖉 ▾ |

PortPin Mode Changeable　☑ 🖉 ▾

PortPin Id	1	⬥ ▾
PortPin Pcr	112	▾
PortPin Mode*	GPIO	⬥ ▾
PortPin DSE	Low_drive_strength	🖉 ▾
PortPin PE	PullDisabled	🖉 ▾
PortPin PS	PullDown	
PortPin Direction	PORT_PIN_OUT	⬥ ▾
PortPin Initial Mode	PORT_GPIO_MODE	
PortPin Level Value	PORT_PIN_LEVEL_LOW	🖉 ▾

（a）配置引脚属性

PortContainer

Name　📂　PortContainer_0

| General | PortPin |

| PortNumberOfPortPins | 1 | ⬥ ▾ |

（b）配置引脚数目

图 5-12　配置 PTD16 引脚功能属性

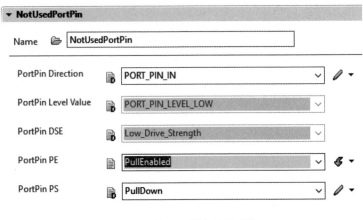

图 5-13　统一配置未使用引脚

5.1.4　工程参考实例

在配置完成后，右键单击 MCAL 配置工程，在弹出的快捷菜单中选择"Generate Project"命令（见图 5-14），如无错误提示，则顺利生成了配置代码。

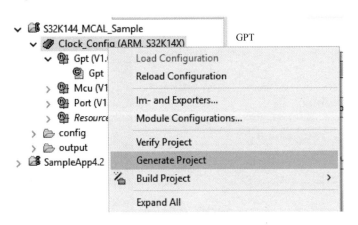

图 5-14　配置完成后生成配置代码

如前文所述，在新建 MCAL 配置工程时指定了生成配置代码的路径，此时在该路径下就可以找到生成的 .c 文件和 .h 文件。在实际开发过程中，需要将生成配置代码包含在 MCAL 配置工程中，即可使用相应的 API。

在 S32K 系列 MCU 上电后，首先要初始化的模块就是 MCU 驱动模块，在初始化时应遵循以下顺序：

（1）Mcu_Init()；

（2）Mcu_InitClock()；

（3）Mcu_GetPllStatus()——直至 PLL 达到锁相状态；

（4）Mcu_DistributePllClock()；

（5）Mcu_InitRamSection()。

本实例在 Main 函数中调用如下 API 对 MCU 驱动模块和 PORT 驱动模块进行初始化。

```
Mcu_Init(&McuModuleConfiguration);
Mcu_InitClock(McuClockSettingConfig_0);
while ( MCU_PLL_LOCKED != Mcu_GetPllStatus() ) {
    /* wait until all enabled PLLs are locked */
}
/* switch system clock tree to PLL */
Mcu_DistributePllClock();
/*在 Main 函数中，调用如下 API 对 PORT 驱动模块进行初始化*/
Port_Init(&PortConfigSet);
```

5.2　定时器中断控制 LED 闪烁

5.2.1　S32K14x 系列 MCU 定时器资源

在 S32K14x 系列 MCU 上最多有 38 通道，分别涉及 4 个外设模块，可用作 GPT 驱动模块的计时器通道，如下所示：

- FlexTimer 模块，共 4 个，每个模块有 16 位计时器、8 通道，共计 32 通道；

- LPIT 模块，32 位计时器，4 通道；

- LPTMR 模块，32 位计时器，1 通道；

- RTC 模块，32 位计时器，1 通道。

■ 5.2.2 GPT 驱动模块的配置

在本实例中使用的是 LPIT 模块，在配置 GPT 驱动模块之前需要在 MCU 驱动模块中设置 LPIT 模块的时钟。查阅 S32K 使用手册得知，允许作为 LPIT 模块的时钟源如图 5-15 所示，分别是 SOSCDIV2_CLK、SIRCDIV2_ CLK、FIRCDIV2_CLK 和 SPLLDIV2_CLK。

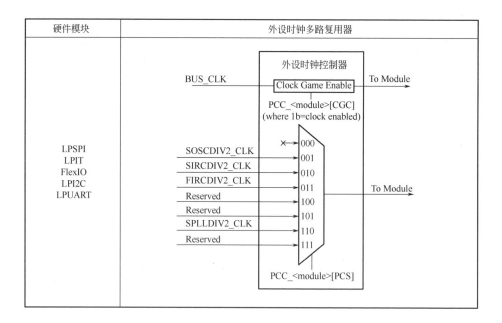

图 5-15　LPIT 模块的时钟源

从 EB Tresos 配置工具进入 MCU 驱动模块，找到 "McuPeripheralClockConfig"

配置标签栏，配置 LPIT 模块的外设时钟源为 FIRCDIV2_CLK；同时，需要在"McuClockReferencePoint"标签栏中新建一个时钟参考点，稍后会用在 GPT 驱动模块中计算计时器节拍等参数，如图 5-16 所示。

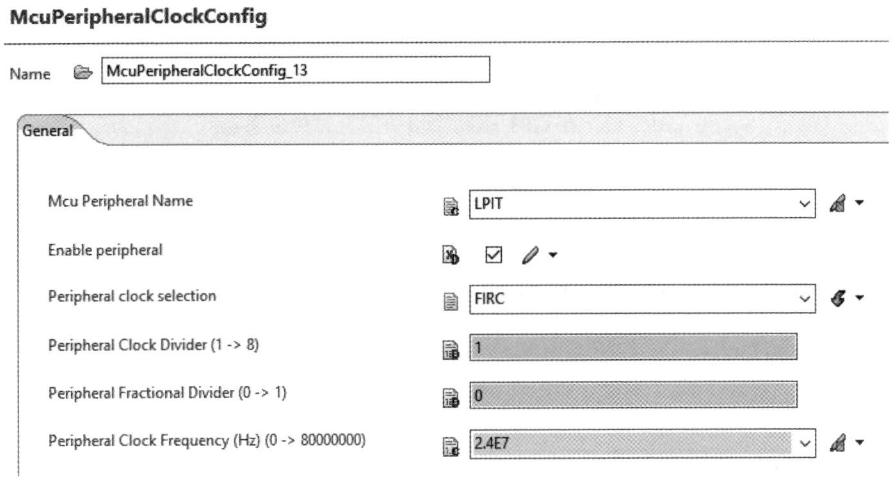

McuPeripheralClockConfig

Name　📁　McuPeripheralClockConfig_13

General

Mcu Peripheral Name	LPIT
Enable peripheral	☑
Peripheral clock selection	FIRC
Peripheral Clock Divider (1 -> 8)	1
Peripheral Fractional Divider (0 -> 1)	0
Peripheral Clock Frequency (Hz) (0 -> 80000000)	2.4E7

（a）LPIT 模块外设时钟源的配置

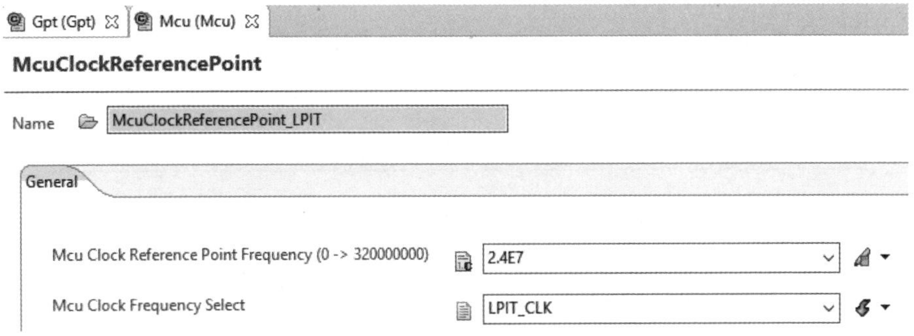

Gpt (Gpt) ✕　Mcu (Mcu) ✕

McuClockReferencePoint

Name　📁　McuClockReferencePoint_LPIT

General

Mcu Clock Reference Point Frequency (0 -> 320000000)	2.4E7
Mcu Clock Frequency Select	LPIT_CLK

（b）LPIT 模块时钟参考点的新建

图 5-16　配置 LPIT 模块的外设时钟源和时钟参考点

接下来，打开 GPT 驱动模块，在"GptClockReferencePoint"配置标签栏中新建 GPT 驱动模块的时钟参考点，命名为"GptClockReferencePoint_0"，将其配置为在 MCU 驱动模块中为 LPIT 模块新建的时钟参考点"McuClockReferencePoint_LPIT"，如图 5-17 所示。

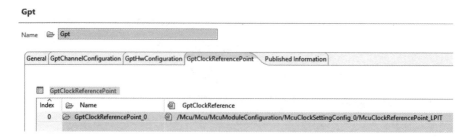

图 5-17　在 GPT 驱动模块中配置时钟参考点

在"GptHwConfiguration"配置标签栏中单击"Add required elements"按钮，添加 S32K144 所有的 GPT 通道，本实例采用 LPIT_0_CH_0，使能这个通道的 GptIsrEnable 和 GptModulesUsed，如图 5-18 所示。

图 5-18　在"GptHwConfiguration"配置标签栏中添加所有的 GPT 通道

进入"GptChannelConfiguration"配置标签栏，新建一个 GPT 通道，选择 GPT 硬件通道为 LPIT_0_CH_0，配置定时器模式为连续计时模式，在"GptChannelClkSrcRef"选择上文配置的时钟参考点，于是可以看到"GptChannelTickFrequency"显示当前 GPT 通道节拍频率为 24MHz，这和前文在 MCU 驱动模块中的配置是吻合的。另外，需要在 GPT 通道中断中翻转引脚电平使 LED 闪烁，从而在"GptNotification"中建立一个通知事件，命名为"SampleAppGptLed"，如图 5-19 所示。至此，就完成了 GPT 驱动模块定时器通道的配置。接下来，还需要添加 DIO 驱动模块到当前 MCAL 配置工程中，以完成控制 GPIO 输出的目标。

GptChannelConfiguration

Name 📂 GptChannelConfiguration_0

General

GptChannelId (0 -> 4294967295)	📄 0	✎ ▾
GptHwChannel	📄 LPIT_0_CH_0 ▾	✎ ▾
GptChannelMode	📄 GPT_CH_MODE_CONTINUOUS ▾	🔧 ▾
GptChannelTickFrequency (0 -> 160000000)	📄 2.4E7 ▾	✎ ▾
■ GptFtmPrescaler	📄 1 ▾	
■ GptFtmPrescaler_Alternate	📄 1 ▾	
■ GptLptmrPrescaler	📄 2 ▾	
■ GptLptmrPrescaler_Alternate	📄 2 ▾	
GptChannelClkSrcRef	📄 /Gpt/Gpt/GptDriverConfiguration/GptClockReferencePoint_0	
■ GptFtmChannelClkSrc	📄 SYSTEM_CLOCK ▾	
■ GptLptmrChannelClkSrc	📄 SIRCDIV2_CLK ▾	
■ GptSRtcChannelClkSrc	📄 EXTERNAL_CLOCK ▾	
GptLPitIsExternalTrigger	📄 ☐	GptLPitEnReloadOnTrigger 📄 ☐
GptLPitEnStopOnInterrupt	📄 ☐	GptLPitEnStartOnTrigger 📄 ☐
■ GptLPitTriggerChannels	📄 Channel_0_Trigger_Source ▾	
GptChannelTickValueMax (0xffff -> 0x100000000)	📄 0xffff	✎ ▾
GptFreezeEnable	📄 ☑ ✎ ▾	GptEnableWakeup 📄 ☐ ✎ ▾
📄 GptNotification	📄 SampleAppGptLed	🔧 ▾

图 5-19　在"GptChannelConfiguration"标签栏对 GPT 驱动模块定时器通道的配置

■ 5.2.3　DIO 驱动模块的配置

在上个实例中本书将 PTD16 引脚配置成 GPIO 输出功能，本节需要将这个 GPIO 引脚添加到 DIO 驱动模块中。DIO 驱动模块的 API 是以 Channel（通道）、Port（端口）和 Channel Group（通道组）为单元工作的。下面以 DIO 通道为例说明具体配置方法，而 DIO 端口和 DIO 通道组的配置方法是类似的。

MCU 硬件引脚由 DIO 通道表示，使用 DIO 通道 API［Dio_ReadChannel()、Dio_WriteChannel()、Dio_FlipChannel()］控制指定的引脚，以 PTD16 为例，具体步骤如下。

（1）在"DioPort"配置标签页，新建"DioPort"，本例使用的是 PTD16，因此，"Port ID"配置为 3（PTD16 对应端口序号为 3）。

（2）进入"DioPort"配置标签页后，新建一个通道，命名为"DioChannel_0"，这里"DIO Channel ID"配置为 16（PTD16 对应引脚序号为 16）。

（3）如下所示，在生成文件"Dio_Cfg.h"中找到该通道（被宏定义为"DioConf_ DioChannel_DioChannel_0"），在应用中使用相关 API 时都要将该宏定义作为 DIO Channel ID 参数。

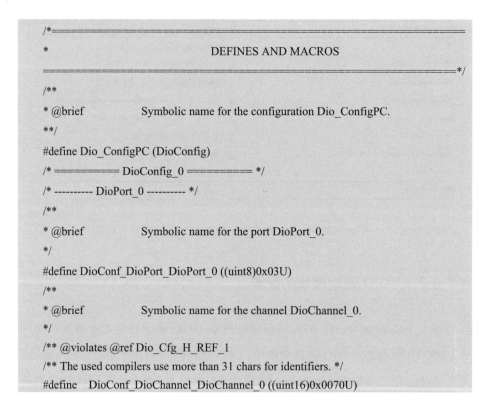

```
/*================================================================
*                        DEFINES AND MACROS
================================================================*/
/**
* @brief           Symbolic name for the configuration Dio_ConfigPC.
**/
#define Dio_ConfigPC (DioConfig)
/* =========== DioConfig_0 =========== */
/* ---------- DioPort_0 ---------- */
/**
* @brief           Symbolic name for the port DioPort_0.
*/
#define DioConf_DioPort_DioPort_0 ((uint8)0x03U)
/**
* @brief           Symbolic name for the channel DioChannel_0.
*/
/** @violates @ref Dio_Cfg_H_REF_1
/** The used compilers use more than 31 chars for identifiers. */
#define   DioConf_DioChannel_DioChannel_0 ((uint16)0x0070U)
```

■ 5.2.4 工程参考实例

本实例在 Main 函数中使用如下 API 对 GPT 驱动模块初始化。

```
Gpt_Init(&GptChannelConfigSet);
```

为了调用方便，在 Main 函数之前做了如下定义。

```
#define GPT_TIMER_LED_TICKS                    24000000UL
static volatile VAR(Dio_LevelType, AUTOMATIC) SampleApp_LedState = STD_HIGH;
```

接下来，在 Main 函数中使用如下 API 使能 GPT 通道 0，并设置超时节拍数为 24000000，这样该 GPT 通道的超时时间为 1 秒。

```
Gpt_EnableNotification(0);
Gpt_StartTimer(0, GPT_TIMER_LED_TICKS);
```

另外，定义事件通知函数 SampleAppGptLed 完成对引脚 PTD16 的电平翻转，从而使 LED 闪烁。

```
void SampleAppGptLed(void)
{
    if (STD_HIGH == SampleApp_LedState)
    {
        SampleApp_LedState = STD_LOW;
    }
    else
    {
        SampleApp_LedState = STD_HIGH;
    }
    Dio_WriteChannel((Dio_ChannelType)DioConf_DioChannel_DioChannel_0,
    (Dio_LevelType)SampleApp_LedState);
}
```

5.3　产生 PWM 信号

本实例的目的是配置 PWM 驱动模块使 S32K FlexTimer（FTM）模块产生 PWM 信号，在介绍 PWM 驱动模块的配置步骤之前，先重点了解一下 S32K FlexTimer 模块。

■ 5.3.1 S32K FlexTimer 模块介绍

S32K 内部的 FlexTimer 模块是一个增强型的多功能计时器，与早期在 8 位单片机中使用的 TPM（Timer PWM Module）模块相比，其性能有较大提升，这使得 FlexTimer 模块更适用于电机控制、数字照明、功率转换等应用。

FlexTimer 模块内部是 1 个 16 位计时器（支持无符号、有符号计时），最多有 8 通道，可实现输入捕获、输出比较、产生 PWM 信号等功能。除此之外，对于电机控制、功率转换等应用，如硬件死区插入、信号极性控制、失效控制、输出强制 / 屏蔽，FlexTimer 模块能够有效地减轻软件处理负担。

在使用 FlexTimer 模块之前，也要在 MCU 驱动模块中对其配置时钟源。通过查阅 S32K 使用手册可知，FlexTimer 模块的时钟源如图 5-20 所示，有如下几种：

● 系统时钟 SYS_CLK，最高频率为 CPU 主频；

● 内部固定频率时钟，由 RTC_CLK 驱动；

● 外部时钟，可以来自 SOSC/FIRC/SIRC/SPLL 分频时钟，也可以来自 3 个引脚提供的时钟。

从 EB Tresos 配置工具进入 MCU 驱动模块，找到 "McuPeripheralClockConfig" 标签栏，配置 FTM2 的时钟源为 SOSC 分频时钟（SOSCDIV1_CLK），如图 5-21 所示；同时，需要在 "McuClockReferencePoint" 标签栏中新建一个时钟参考点，稍后会用于 PWM 驱动模块中占空比等参数的计算。

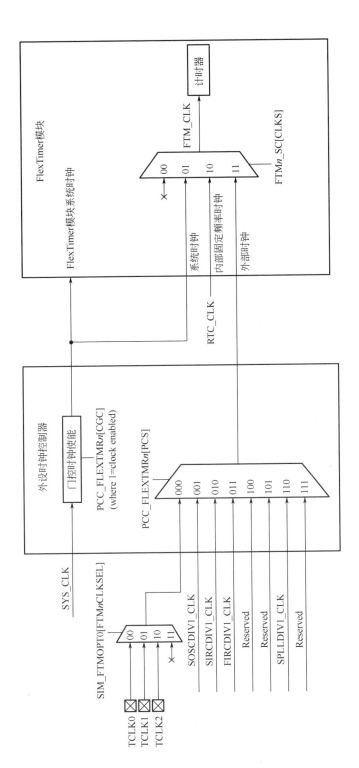

图 5-20　FTM 模块的时钟源

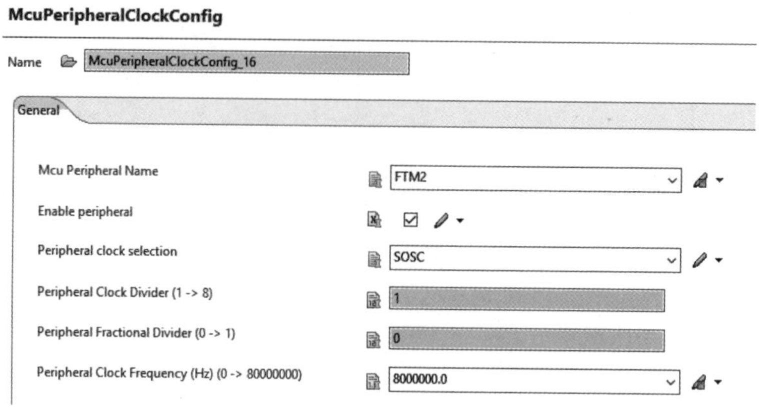

图 5-21　配置 FTM2 的时钟源

■ 5.3.2　PWM 驱动模块的配置

S32K 系列 PWM 驱动模块是通过 FTM 模块实现的，FTM 模块的通道和 PWM 驱动模块的逻辑通道一一对应。按照如下 3 个步骤配置 PWM 驱动模块。

1. 配置 "PwmHwConfiguration" 标签页

如图 5-22 所示，在 "PwmHwConfiguration" 标签页单击 "Add required element" 按钮，添加 FTM 模块所有中断源，使能所需的中断源，并且勾选相应的 "PwmInterruptEnable" 和 "PwmChannelIsUsed" 复选框。

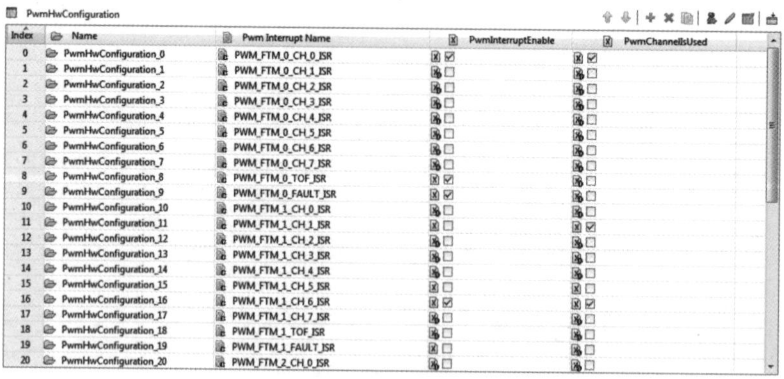

图 5-22　在 "PwmHwConfiguration" 标签页中添加 FTM 模块所有中断源

为了优化代码，若未使用中断源，则不建议勾选"PwmInterruptEnable"
和"PwmChannelIsUsed"这两个复选框。例如，使用"Pwm_FTM_0_CH_1_ISR"，
但未使用其事件通知，则"PwmChannelIsUsed"要勾选，而"PwmInterruptEnable"
不需要勾选。

2. 在"PwmFtmModule"标签页中配置 FTM 模块

如图 5-23 所示，在"PwmFtmModule"标签页中新建一个 FTM 配置，配
置该 FTM 模块的时钟源和 PWM 对齐方式。接着，在"PwmFtmChannels"
标签栏中配置该 FTM 模块的通道属性，本实例使用的是"FTM_2_CH_0"，
如图 5-24 所示。这里注意，所选通道必须在"PwmHwConfiguration"标签页
中使能，否则会产生错误。

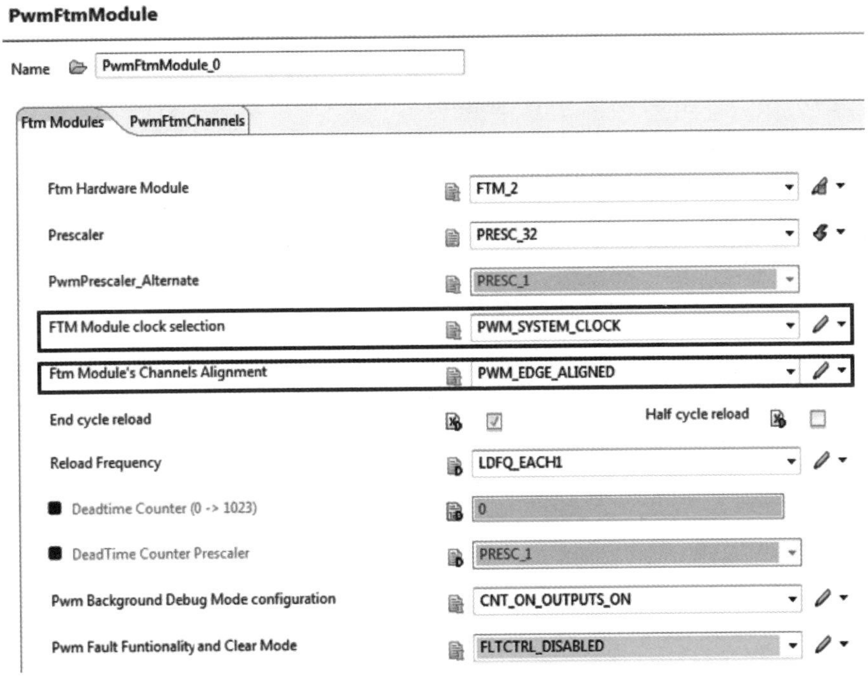

图 5-23 在"PwmFtmModule"标签页中配置 FTM 模块

PwmFtmChannels

Name   PwmFtmChannels_0

General

Ftm Hardware Channel	FTM_2_CH_0
Edge configuration setting for current channel	INDEPENDENT
Phase Shift Ticks (0 -> 65553)	0
Enable Deadtime on combined channels	☑

图 5-24　在"PwmFtmChannels"标签栏中配置 FTM 模块的通道属性

3. 在"PwmChannel"标签页中配置 PWM 驱动模块的逻辑通道

在"PwmChannel"标签页中配置 PWM 驱动模块的逻辑通道，作为 PWM 驱动模块 API 调用时的参数。如图 5-25 所示，本实例新建名为"Pwm_Led1"的逻辑通道，并选择在上一步配置的"PwmFtmChannels_0"；配置时钟参考点为在 MCU 驱动模块中配置的时钟参考点；通知事件函数名称为"Pwm_Led1Notification"。

PwmChannel

Name   Pwm_Led1

General

PwmChannelId (0 -> 4294967295)	0
PwmFtmChannel	/Pwm/PwmChannelConfigSet/PwmFtmModule_0/PwmFtmChannels_0
Default Period In Ticks	
Default Period (0 -> 65534)	0.1
PwmChannelClass	PWM_FIXED_PERIOD
PwmPolarity	PWM_HIGH
PwmDutycycleDefault (0 -> 32768)	16384
PwmIdleState	PWM_LOW
PwmNotification	Pwm_Led1Notification
PwmMcuClockReferencePoint	nfiguration/McuClockSettingConfig_0/McuClockReferencePoint_FTM2

图 5-25　在"PwmChannel"标签页中配置 PWM 驱动模块的逻辑通道

5.3.3　工程参考实例

本实例在 Main 函数中使用如下 API 对 PWM 驱动模块初始化。

```
/* Initialize the PWM with the post build configuration pointer*/
Pwm_Init(&PwmChannelConfigSet);
```

调用如下 API 完成对 50%占空比的配置，并使能事件通知函数。

```
Pwm_SetDutyCycle(Pwm_Led1, 0x4000);
Pwm_EnableNotification(Pwm_Led1,PWM_RISING_EDGE);
```

5.4　配置 SPI 总线通信

依照前面实例的方法，在配置 SPI 驱动模块之前，需要在 MCU 驱动模块中配置 LPSPI 模块的时钟源，以及在 PORT 驱动模块中分配引脚。本实例使用 LPSPI0，配置其时钟源为 SIRCDIV2_CLK（4MHz），分配引脚 PTB2 作为 LPSPI0_SCK，分配引脚 PTB3 作为 LPSPI0_SIN，分配引脚 PTB4 作为 LPSPI0_SOUT，分配引脚 PTB5 作为 LPSPI0_PCS0。

5.4.1　SPI 驱动模块的配置

1. 配置 SPI 驱动模块基本属性

进入 SPI 驱动模块，在"General"标签栏中对 SPI 驱动模块进行基本配置，如图 5-26 所示，有几个关键选项值得注意。

（1）SpiChannelBuffersAllowed：该参数是指 SPI 驱动模块的通道进行缓存的形式。

● 0——只允许内部缓存形式（Internal Buffer，IB）。

- 1——只允许外部缓存形式（External Bufferr，EB）。

- 2——两种形式都允许。

（2）SpiLevelDelivered：该参数是指 SPI 驱动模块的功能等级。

- 0——LEVEL 0，同步 SPI 驱动。

- 1——LEVEL 1，异步 SPI 驱动。

- 2——LEVEL 2，高级 SPI 驱动，支持同步 SPI 驱动和异步 SPI 驱动。

（3）SpiCPUClockRef：CPU 时钟参考点，在 MCU 驱动模块中定义，用于计算 SpiTransmitTimeout 时间（等待一帧数据 Tx/Rx 完成的最长时间）。

（4）SpiGlobalDmaEnable：是否允许 DMA 搬运数据。

- 勾选：允许 DMA 搬运数据，LPSPI 模块可配置使用 FIFO 或者 DMA 接收数据。

- 不勾选：LPSPI 模块只使用 FIFO 接收数据。

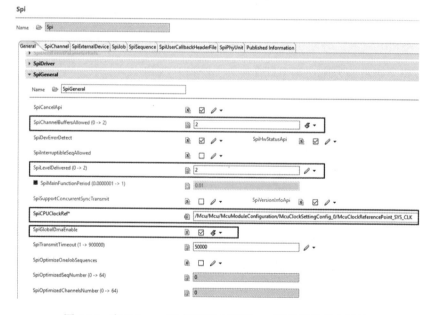

图 5-26　在"General"标签栏中配置 SPI 驱动模块基本属性

2. 配置 SPI 物理单元

接下来，进入"SpiPhyUnit"标签页，这个标签页用于配置 SPI 物理单元，S32K144 有 3 个 LPSPI 模块，因此，这里最多可以添加 3 个配置表。在本实例中，我们新建一个名为 SpiPhyUnit_0 的配置表，如图 5-27 所示。

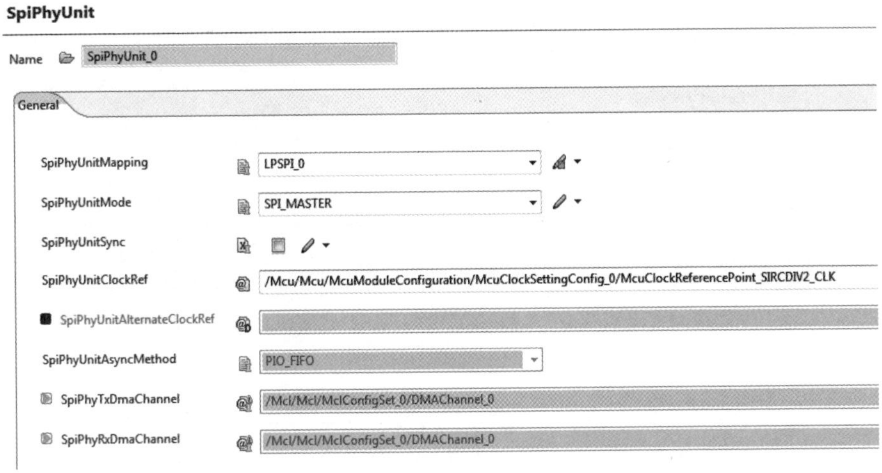

图 5-27　在"SpiPhyUnit"标签页新建配置表

- SpiPhyUnitMapping：配置当前配置表对应的硬件单元，这里设置为 LPSPI_0。

- SpiPhyUnitMode：配置 SPI 驱动模式（Master 或 Slave）。

- SpiPhyUnitSync：选择使用同步方式通信或异步方式通信。

- SpiPhyUnitClockRef: 配置 SPI 驱动模块的时钟参考点，用于计算波特率。

- SpiPhyUnitAsyncMethod: 若选择使用异步方式通信，则可配置为 FIFO 或 DMA。

3. 配置 SPI 外部器件

配置完 SPI 物理单元后，再来看一下如何配置 SPI 外部器件的属性，根据实际应用需要对每个外部器件配置相关的属性。如图 5-28 所示，进入

"SpiExternalDevice"标签页，设置波特率（"SpiBaudrate"）、片选信号（"SpiCsIdentifier"）、片选信号极性（"SpiCsPolarity"），以及一些时序参数（"SpiTimeClk2Cs""SpiTimeCs2Clk""SpiTimeCs2Cs"等）。注意，"SpiHwUnit"这个参数选择的是"SpiPhyUnit"标签页中的逻辑序号，并不是 LPSPI 模块的序号。例如，"CSIB0"指的是在"SpiPhyUnit"标签页中定义的第一个配置，即在上一步定义的"SpiPhyUnit_0"。

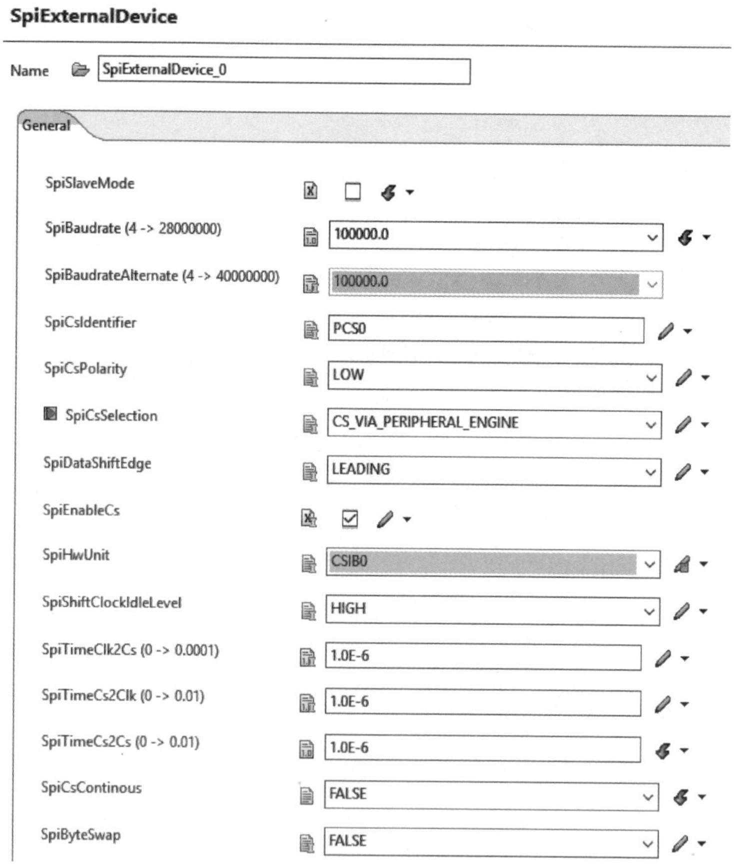

图 5-28　在"SpiExternalDevice"标签页中配置 SPI 外部器件相关属性

以上几个步骤完成了对 SPI 驱动模块基本属性、SPI 物理单元、SPI 外部器件的配置。依据 SPI 驱动模块的定义，接下来需要配置 SPI 通道、SPI 任务和 SPI 序列。

4．配置 SPI 通道

进入 "SpiChannel" 标签页，根据实际应用可建立多个 SPI 通道。在本实例中，新建名为 "SpiChannel_0" 的配置表，选择该 SPI 通道的缓存形式、数据长度、数据宽度等参数，如图 5-29 所示。

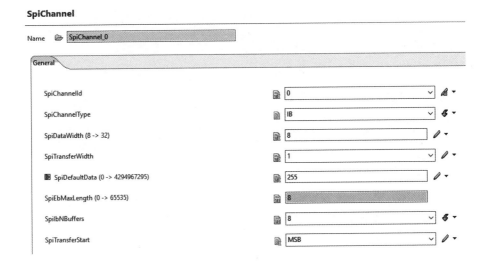

图 5-29　在 "SpiChannel" 标签页新建 SPI 通道配置表

5．配置 SPI 任务

在配置了 SPI 通道后，就需要把 SPI 通道分配给相应的 SPI 任务。进入 "SpiJob" 标签页，新建名为 "SpiJob_0" 的配置表，SPI 任务和 SPI 外部器件是紧密联系的，此标签页需要关联 SPI 外部器件和 SPI 通道。另外，若使用事件通知，则在该配置下输入事件通知函数名，如图 5-30 所示。

6．配置 SPI 序列

前文已介绍过，SPI 序列可以包含多个 SPI 任务，因此，进入 "SpiSequence" 标签页，新建名为 "SpiSequence_0" 的 SPI 序列，分配相应的 SPI 任务。另外，若使用事件通知，则在该配置下输入事件通知函数名，如图 5-31 所示。

SpiJob

Name 📂 SpiJob_0

| General | SpiChannelList |

📷 SpiHwUnitSynchronous 📄 ASYNCHRONOUS

▣ SpiJobEndNotification 📄 NULL_PTR

▣ SpiJobStartNotification 📄 NULL_PTR

SpiJobId 📄 0

SpiJobPriority 📄 0

SpiDeviceAssignment @ /Spi/Spi/SpiDriver_0/SpiExternalDevice_0

SpiJob

Name 📂 SpiJob_0

| General | SpiChannelList |

📷 SpiChannelList

Index	📂 Name	📄 SpiChannelIndex	@ SpiChannelAssignment
0	📂 SpiChanne...	0	@ /Spi/Spi/SpiDriver_0/SpiChannel_0

图 5-30 在 "SpiJob" 标签页关联 SPI 外部器件和 SPI 通道

SpiSequence

Name 📂 SpiSequence_0

| General | SpiJobAssignment |

SpiInterruptibleSequence ▣

▣ SpiSeqEndNotification 📄 Spi_Seq0_EndNotification

SpiSequenceId 📄 0

SpiSequence

Name 📂 SpiSequence_0

| General | SpiJobAssignment |

📷 SpiJobAssignment*

Index	@ SpiJobAssignment
0	@ /Spi/Spi/SpiDriver_0/SpiJob_0

图 5-31 在 "SpiSequence" 标签页关联 SPI 任务

■ 5.4.2　工程参考实例

本实例使用如下 API 对 SPI 驱动模块初始化。

```
Spi_Init(&SpiDriver_0);
Spi_SetAsyncMode(SPI_INTERRUPT_MODE);
```

为了调用方便，本实例在 Main 函数前定义了如下发送数组和接收数组。

```
SampleApp_SpiDataType SampleApp_ucSource[SPI_DATA_LENGTH]={0xA0, 0x0A,
0xAA, 0x05, 0x50, 0x55, 0xFF, 0x00};
SampleApp_SpiDataType SampleApp_ucDest[SPI_DATA_LENGTH];
```

在本实例中，SPI 驱动模块作为 Master 使用，调用如下 API 发起数据发送和接收流程。

```
Spi_WriteIB(SpiConf_SpiChannel_SpiChannel_0, SampleApp_ucSource);
Spi_AsyncTransmit(SpiConf_SpiSequence_SpiSequence_0);
stdRet = Spi_GetSequenceResult(SpiConf_SpiSequence_SpiSequence_0);
/* check if the sequence has been transmitted ok */
/* also check that the notification callback has been called */
if ((stdRet==SPI_SEQ_OK) && (pstSampleAppData->
  stSpiData.bFlags== SPI_CALLBACK_CALLED))
{
  stdRet = Spi_ReadIB(SpiConf_SpiChannel_SpiChannel_0, SampleApp_ucDest);
}
```

另外，在 SPI 序列配置的事件通知函数中对 SPI 序列标识变量进行赋值。

```
/* End Notification for Sequence 'SpiSequence_0' */
void Spi_Seq0_EndNotification(void)
{
    stSampleAppData.stSpiData.bFlags = SPI_CALLBACK_CALLED;
}
```

5.5 配置 CAN 总线通信

S32K14x 系列 MCU 内部最多集成 3 个 CAN 控制器 FlexCAN 模块，支持 CANFD（CAN with Flexible Date rate）总线协议。FlexCAN 模块全面实施 CAN 总线协议，包括 CAN 2.0B 协议和 CANFD 总线协议。图 5-32 所示为 FlexCAN 模块的结构框架，其中，CAN 协议接口（CAN Protocol Interface）子模块管理 CAN 总线上的串行通信；RAM 访问请求用于收发消息、验证收到的消息及处理执行错误；消息缓存管理器（Message Buffer Management）子模块管理收发消息的缓存、仲裁及消息 ID 匹配算法；总线接口单元（Bus Interface Unit）子模块控制 FlexCAN 模块与系统总线交互，并建立与时钟的连接。

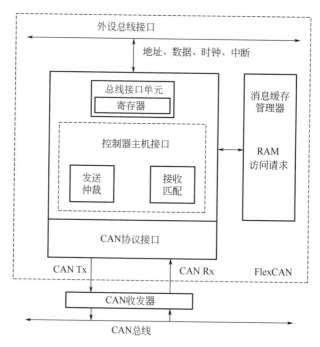

图 5-32　FlexCAN 模块的结构框架

FlexCAN 模块有如下特性。

● 32 个消息缓存管理器（Message Buffer Management），数据长度为 0～

8 字节；在 CANFD 总线协议下，其数据长度为 0～64 字节，支持 ISO 规范和非 ISO 规范。

● 每个消息缓存管理器有独立的掩码寄存器。

● 强大的 Rx FIFO ID 滤波功能，有 32 个独立掩码寄存器，接收报文 ID 可与 128 个扩展帧 ID、256 个标准帧 ID、512 个 8 位 ID 比较。

● 支持 ListenOnly 模式。

● 可配置成回传（Loop-back）模式，可用于自检。

● 可屏蔽的中断。

● 支持低功耗模式。

● CAN 协议接口的时钟源，可配置为系统时钟或外部晶振时钟。

● 传输高波特率 CANFD 报文时，支持收发器延迟补偿功能。

依照前文所述实例的配置方法，在配置 CAN 驱动模块之前，需要在 MCU 驱动模块中配置 FlexCAN 模块的时钟源，以及在 PORT 驱动模块中分配引脚。本实例使用 FlexCAN0，分配引脚 PTE4 作为 FlexCAN0_Rx，分配引脚 PTE5 作为 FlexCAN0_Tx。图 5-33 所示为 FlexCAN 模块的时钟源，由 CAN_CTRL1 寄存器的时钟源位（CLKSRC）可定义内部 PE Clock（Protocol Engine Clock）是来自外部晶振时钟（SOSCDIV2_CLK），还是来自系统时钟（SYS_CLK）。

5.5.1　CAN 驱动模块的配置

1. 配置 CAN 控制器

如图 5-34 所示，在"CanController"标签页新建名为"CanController_0"的配置表，在"General"标签栏的"Can Hardware Channel"下拉列表框中选择"FlexCAN_A"选项，即对应 FlexCAN0。

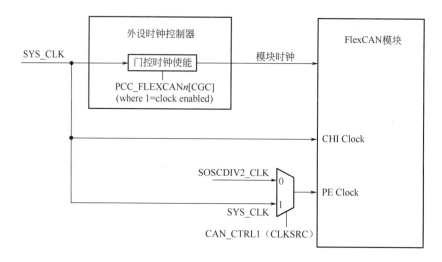

图 5-33　FlexCAN 模块的时钟源

图 5-34　在"CanController"标签页新建配置表

　　如果使用 Loop-back 功能，则勾选"Can Loop Back Mode"选项。勾选"Can Clock from Bus"表示选择系统时钟作为 CAN 协议接口的时钟源，需要在"Can CPU Reference Clock"中选择系统时钟参考点，用于稍后计算波特率；在完成波特率配置后，还需要在"Can Controller Default Baudrate"中输入波特率配置表路径，如图 5-35 所示。

2. 配置波特率

　　接下来，在"CanControllerBaudrateConfig"标签栏配置波特率，步骤如下。

图 5-35　选择"Can Clock from Bus"，即选择系统时钟作为 CAN 协议接口的时钟源

1）选择 CAN 协议接口的时钟源

如前文所述，在"General"标签栏勾选"Can Clock from Bus"，即选择系统时钟作为 CAN 协议接口的时钟源；否则，选择外部晶振时钟作为 CAN 协议接口的时钟源。

2）确定 CAN 时间量子数作为 CAN 位时间

需要选择恰当的时间参数使 CAN 时间量子数为 8～25 的整数，其计算公式如下：

位时间=预分频系数/CAN 时钟频率　（单位：秒）

时间量子数=(1/CAN 控制器波特率)/位时间

其中，预分频系数为"CanControllerBaudrateConfig"标签栏中的"Can Controller Prescaller"选项；CAN 控制器波特率为"CanControllerBaudrateConfig"标签栏中的"Can Controller BaudRate"选项。

3）将 CAN 时间量子数分配给时间段

位时间可细分为 3 个时间段，分别是 SYNC_SEG、TSEG1 和 TSEG2，如图 5-36 所示。每个时间段的时间量子数可由标签栏中的 CanControllerSyncSeg（SYNC_SEG）、CanControllerPropSeg（PROP_SEG）、CanControllerSeg1（PSEG1）和 CanControllerSeg2（PSEG2）配置。

时间量子数=1+CanControllerPropSeg+CanControllerSeg1+ CanControllerSeg2

4）设置再同步跳转宽度（Re-synchronization Jump Width，RJW）

RJW 可设置为 4 和 CanControllerSeg1 的最小值（参见 Bosch CAN 2.0A/B

协议)。

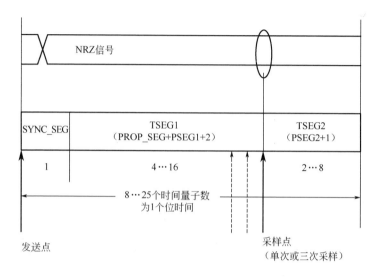

图 5-36 位时间的细分时间段

至此,完成了对 CAN 控制器波特率的配置。图 5-37 所示为 CAN 控制器波特率的相关配置参数。

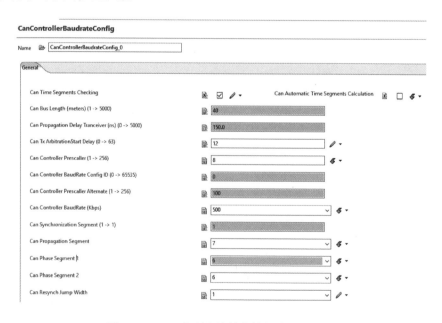

图 5-37 CAN 控制器波特率的相关配置参数

3. 配置 CAN 硬件处理对象（Hardware Object Handle，HOH）

"CanHardwareObject"标签页用于配置 CAN 硬件处理对象，如图 5-38 所示，在该标签页配置帧格式（标准帧或扩展帧）、CAN Tx 或 CAN Rx。所属 CAN 控制器若是 CAN Rx，则需要配置 CanHwFilter。

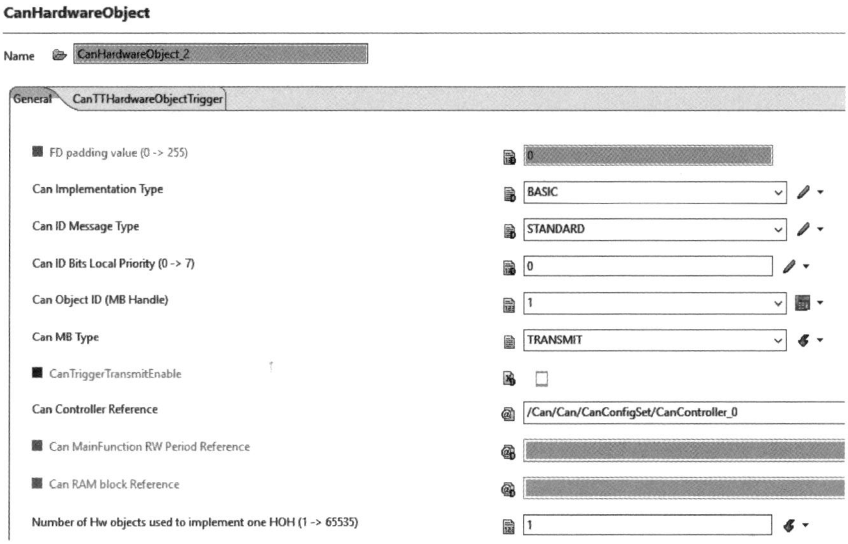

图 5-38　在"CanHardwareObject"标签页配置 CAN 硬件处理对象

5.5.2　工程参考实例

本实例使用如下 API 初始化和使能 CAN 驱动模块。

```
Can_Init(&CanConfigSet);
Can_SetControllerMode(0U, CAN_T_START);
```

使用如下 API 发起传输流程，该代码段发送了 1 帧 CAN 报文，CAN ID 为 0x31，CAN 报文为 0x3131313131313131。

```
canRet =Can_Write(CanHardwareObject_2, &(pstSampleAppData→stCanData.CanMessage));
    VAR(uint8, CAN_VAR)    data[8U] = {0x31, 0x31, 0x31, 0x31, 0x31, 0x31, 0x31, 0x31};
pstSampleAppData→stCanData.CanMessage.length = 8U;
```

```
pstSampleAppData→stCanData.CanMessage.swPduHandle = 1U;
pstSampleAppData→stCanData.CanMessage.sdu = data;
pstSampleAppData→stCanData.CanMessage.id = 0x31U;
canRet= Can_Write(CanHardwareObject_2, &(pstSampleAppData→stCanData.CanMessage));
```

如果使用轮询方式发送或者接收 CAN 报文，还需要反复调用函数 Can_MainFunction_Write()和 Can_MainFunction_Read()；如果使用中断方式发送或接收 CAN 报文，发送或者接收流程则由 AUTOSAR MCAL 中 ECU 抽象层的 CANIF 驱动模块完成，用户可在 CANIF 驱动模块中配置自定义的回调函数。

第 6 章

AUTOSAR MCAL 样例工程介绍

在前面章节对 S32K14x 系列 MCU 的 AUTOSAR 4.2 MCAL 各主要 BSW 功能、配置及 API 使用方法介绍的基础上，本章将介绍一个在 S32K144EVB-Q100 评估板上实现的 MCAL 综合样例工程，以帮助大家加深对 AUTOSAR MCAL 软件架构和 BSW 概念的理解。

6.1　基于 S32K144 的 MCAL 样例工程

本章介绍的 MCAL 样例工程基于 AUTOSAR MCAL 4.2 Rev0001 版本 RTM 1.0.0，使用 EB Tresos Studio 23.0.0 b170330-0431 作为配置和自动代码生成工具，配置使用 IAR Embedded Workbench for ARM version 8.11.1 及 GCC ARM Embedded 6.3.1 20170620 作为编译/链接器，并在 S32K144EVB-Q100 评估板上完成功能测试和验证。

在使用本样例工程之前，请务必确认已经下载并正确安装了以下软件。

（1）MCAL：NXP S32K14x AUTOSAR 4.2 MCAL RTM 1.0.0。

（2）EB 配置和自动代码生成工具：EB Tresos Studio 23.0.0 b170330-0431。

（3）编译器：IAR Embedded Workbench for ARM version 8.11.1 或者 GCC ARM Embedded 6.3.1 20170620。

6.1.1　S32K144 开发板介绍

S32K144EVB-Q100 是 NXP 专门为客户开发的一块低成本的 S32K144 微控制器快速应用原型验证和外部设备（简称外设），功能测试评估板。

图 6-1 所示为 S32K144EVB-Q100 评估板实物照片及接口分布。

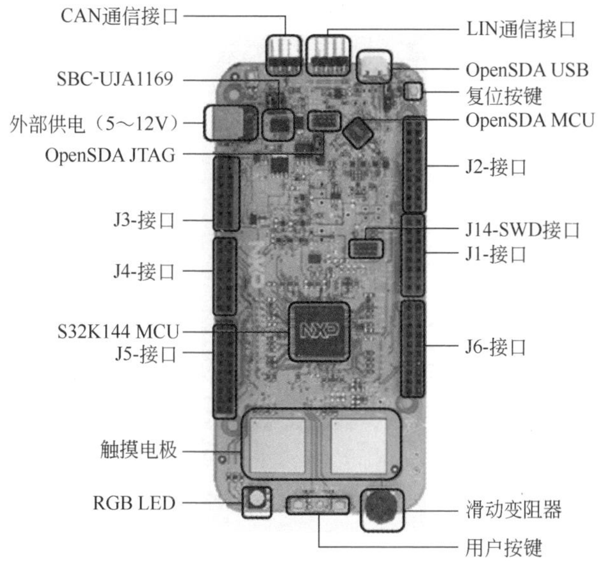

图 6-1 S32K144EVB-Q100 评估板实物照片及接口分布

S32K144EVB-Q100 评估板具有如下特性/功能。

- 支持 S32K144 LQFP-100 芯片。
- 板载集成 OpenSDA SWD 调试器(支持模拟 USB 转 RS-232 串口功能)。
- 集成系统基础芯片 SBC-UJA1169(电源和 CAN 收发器及外部看门狗)和 LIN 收发器 TJA1027。
- 支持 CAN、LIN 和 UART 通信接口。
- 板载 8MHz 石英晶振时钟源。
- 集成滑动变阻器支持精确电压的模拟信号测量。
- 集成 RGB 三色 LED。
- 两个用户按键(SW2 和 SW3)和两个触摸电容电极输入。
- 所有 MCU 功能引脚引出,兼容 Arduino™ UNO 外设功能模块扩展。
- 灵活的供电选择:Micro USB 或者外部 12V 供电(通过 SBC-UJA1169)。

S32K144EVB-Q100 评估板的 Arduino™ UNO 扩展引脚映射如图 6-2 所示,该设计不但方便用户扩展 Arduino™ UNO 兼容外设模块,还极易使用

2.54cm（100mil）间距的排针对其引脚功能进行连接和扩展。

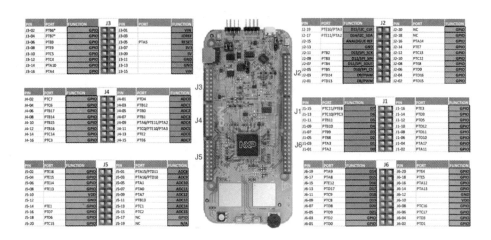

图 6-2　S32K144EVB-Q100 Arduino™ UNO 扩展引脚映射

S32K144EVB-Q100 评估板的部分主要电路原理设计如下。

（1）图 6-3 所示为 S32K144EVB-Q100 评估板的石英晶振时钟电路：使用 8MHz 石英晶振，匹配振荡电容为 12pF。

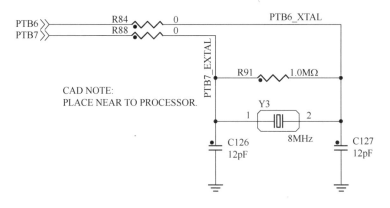

图 6-3　8MHz 外部石英晶振时钟电路

（2）图 6-4 所示为 S32K144EVB-Q100 评估板的滑动变阻器 ADC 电路：5kΩ的滑动变阻器与 S32K144 的 ADC0 输入通道 12（端口 PTC14）相连，且并联了 0.1μF 的滤波电容。

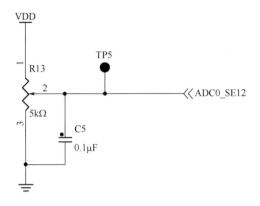

图 6-4　滑动变阻器 ADC 电路

（3）图 6-5 所示为 S32K144EVB-Q100 评估板的 RGB LED 扩展电路：红、绿、蓝三色 LED 分别与 S32K144 的 PTD15、PTD16 和 PTD0 端口相连，低电平亮，高电平灭。

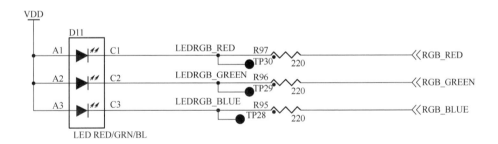

图 6-5　RGB LED 扩展电路

（4）图 6-6 所示为 S32K144EVB-Q100 评估板的用户按键输入电路：两个高电平有效的用户按键 SW2 和 SW3 分别与 S32K144 的 PTC12 和 PTC13 端口相连。

（5）图 6-7 所示为 S32K144EVB-Q100 评估板的触摸电容电极电路：两个触摸电容电极 SW7 和 SW8 分别与 S32K144 的 PTC1 和 PTC2 端口相连。

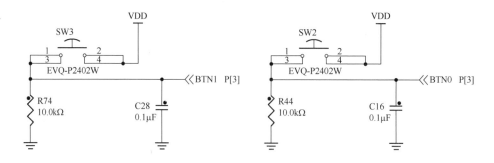

图 6-6　用户按键输入电路

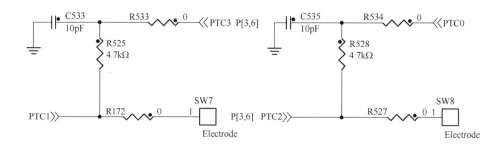

图 6-7　触摸电容电极电路

■■ 6.1.2　S32K14x MCAL 样例工程使用方法

1. 使用 EB Tresos 打开和配置 S32K14x MCAL 样例工程

首先，确认 NXP S32K14x AUTOSAR 4.2 MCAL RTM 1.0.0 的所有 MCAL 插件（Plugins）都已经与其正确关联起来，相应的方法有以下两种。

（1）直接将 NXP S32K14x AUTOSAR 4.2 MCAL RTM 1.0.0 安装目录 eclips\plugins 下所有 MCAL 文件夹复制到 EB Tresos Studio 23.0.0 安装目录下的插件 plugins 目录下，如图 6-8 所示。

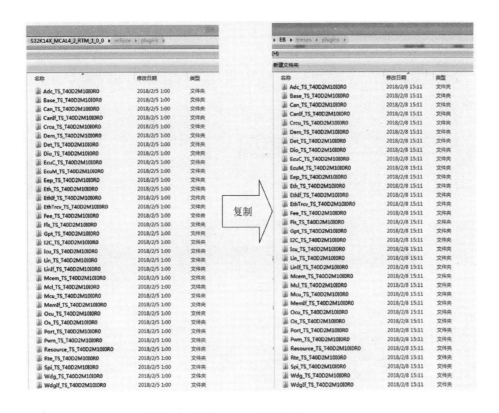

图 6-8　复制 MCAL 插件关联 EB Tresos

（2）设置编辑 S32K14x AUTOSAR 4.2 MCAL RTM 1.0.0 的安装目录链接文件（*.link）到 EB Tresos Studio 23.0.0 安装目录下的\links 文件夹下（如果在安装 MCAL 之前已经安装好了 EB Tresos，则在 MCAL 安装过程中只要指定了 EB Tresos 的安装目录，就会自动创建如下链接文件，无须用户手动创建和添加），如图 6-9 所示。

然后，打开 EB Tresos Studio 23.0.0，按照图 6-10 所示的步骤打开样例工程即可导入样例工程。

① 选择"File"→选择"Import"命令。

② 选择已有工程到工作空间（Existing Projects into Workspace）→单击"Next"按钮。

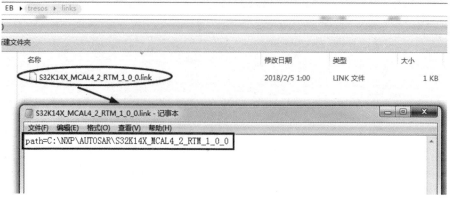

图 6-9　设置 EB Tresos 链接关联 MCAL

图 6-10　EB Tresos 导入样例工程——选择已有工程

③ 在弹出的"Import"窗口中进行设置，如图 6-11 所示。

→选择"Select root directory"单选按钮，单击"Browse"按钮。

→选择样例工程所在目录文件夹（样例工程目录为 SampleApp4.2
（C:\NXP\AUTOSAR\S32K14x_MCAL4_2_RTM_1_0_0_Sample_Application\Tresos\

workspace\[project]）。

　　→勾选"Copy projects into workspace"复选框。

　　→单击"Finish"按钮，完成样例工程的导入。

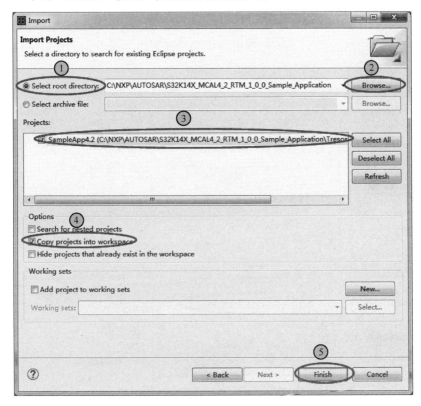

图 6-11　EB Tresos 导入样例工程——选择和配置工程导入选项

　　导入样例工程后，就可以在 EB Tresos Studio 23.0.0 中查看和修改其 MCAL 配置了，图 6-12 所示为 EB Tresos 工程窗口界面。

　　① 工程管理窗口：打开 / 关闭 / 浏览 EB Tresos 工程，config 目录存放工程中各 MCAL 组件的配置文件（*.xdm）；output\generated 目录存放工程编译输出外部工具配置*.epc 文件（\output）和自动生成代码（源文件\src、头文件\include）。

　　② AUTOSAR 组件配置窗口：以 GUI（图形用户界面）提供对具体 AUTOSAR 组件的配置。

③ 工程 Outline 窗口：提供工程中当前选中组件的可配置选项，以快速浏览和导航。

④ 问题窗口：列出当前工程中所有的配置错误和警告，单击可快速跳转 / 定位到相应的配置界面/窗口。

⑤ 属性窗口：查看当前配置窗口中组件配置选项或者问题窗口中的选中条目的详细说明。

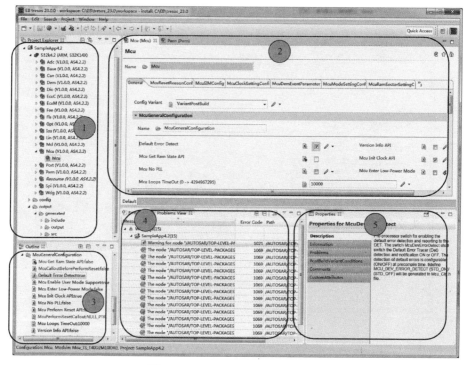

图 6-12　EB Tresos 工程窗口界面

2．S32K14x MCAL 样例工程目录介绍

本章介绍的 S32K14x MCAL 样例工程目录如图 6-13 所示。

其中，各子目录和文件的作用如下。

● bin 文件夹：存放工程编译过程中产生的中间目标文件和最终链接结果二进制可执行文件（.elf）、内存映射文件（.map）等。

● cfg 文件夹：存放 EB Tresos 生成的 MCAL 配置文件（*.c 为源文件，*.h 为头文件）。

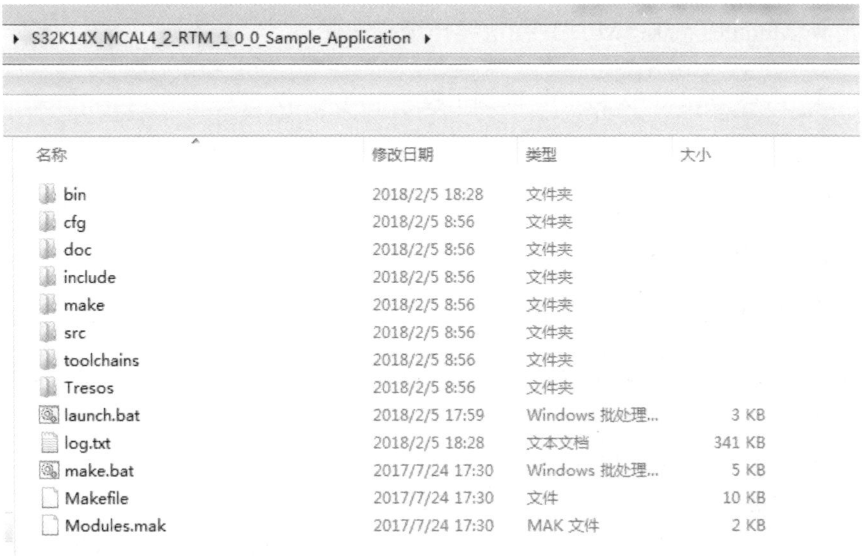

图 6-13　S32K14x MCAL 样例工程目录

- doc 文件夹：样例工程说明文档。

- include 文件夹：存放 S32K14x MCU 寄存器定义的头文件和应用程序
  头文件。

- make 文件夹：存放编译工具相关的编译控制／配置 makefile 文件。

- src 文件夹：存放应用程序源文件，包括 main.c。

- toolchains 文件夹：工具链相关的存储器分配链接文件（其中，autosar_
  flash. gld——GCC 链接器；autosar_flash.icf——IAR 链接器；autosar_
  flash. ld——GHS 链接器）、启动文件及内核异常处理文件（exceptions_
  iar.c 或 exceptions.c）。

- Tresos 文件夹：存放样例工程的 EB Tresos 工程（含工作空间和配
  置文件）。

- launch.bat：编译启动控制脚本。

- log.txt：文本文档。

- make.bat：编译控制脚本。

- Makefile：工程顶层 makefile 文件。

- Modules.mak：MCAL 模块编译选择文件。

3. 编译 S32K14x MCAL 样例工程

在编译 S32K14x MCAL 样例工程时，需要在 launch.bat 批处理文件中设置 Tresos 的安装目录（TRESOS_DIR）、编译器安装目录（GHS_DIR/IAR_DIR/LINARO_DIR）及 MCAL 插件安装目录（PLUGINS_DIR）。

本例的设置如图 6-14 所示（“:: ”开始的行是注释行）。

```
launch.bat

::You have to uncomment and set the following variables if they are not
already set
:: uncomment line below if you do not set TRESOS_DIR over environment
::TRESOS
SET TRESOS_DIR=D:/EB/tresos
::MAKE
SET MAKE_DIR=F:/NXP/S32DS_ARM_v2.0/utils/msys32/usr
::GHS
SET GHS_DIR=C:/ghs/arm/comp_201714
::IAR
SET IAR_DIR=C:/Tools/IAR/EmbededWorkbench8.0/arm
::GCC
SET LINARO_DIR=C:/Tools/Linaro/4_9_3_20150529/Linaro_Toolchain_arm-eabi


SET PLUGINS_DIR=C:/NXP/AUTOSAR/S32K14X_MCAL4_2_RTM_1_0_0/eclipse/plugins
```

图 6-14 launch.bat 配置

正确配置 launch.bat 之后，在 Windows OS 的命令行窗口中调用样例工程根目录下的编译启动文件——launch.bat，即可对 S32K14x MCAL 样例工程进行编译，具体步骤如下：

（1）打开 Windows OS 命令行窗口（快捷键为 Windows + R）；

（2）切换当前目录到 S32K14x MCAL 样例工程根目录（命令为 cd/d <S32K14x MCAL sample project folder path>）；

（3）执行命令运行编译启动脚本：launch.bat。

执行完上一步骤脚本后，编译目标文件和链接器输出文件——sample_app_mcal.elf 将在/bin 目录下产生。

具体 launch.bat 脚本的编译启动配置选项如下。

（1）选择编译工具链：launch.bat TOOLCHAIN=[toolchain]。

其中，[toolchain]可以是：

*ghs——GreenHills Multi 编译器；

*iar——IAR 编译器；

*linaro——GCC 编译器。

（2）配置不同的应用程序运行模式：launch.bat MODE=[mode]。

其中，[mode]可以选择如下。

*SUPR——管理员（Supervisor）模式，默认配置。

*USER——用户（User）模式；为了运行用户模式，所有需要运行在此模式下的 MCAL 底层驱动在 EB Tresos 工程配置时都必须将参数"Enable User Mode Support"设置为真（"true"）。

此外，若使用了 AUTOSAR OS，则不能选择用户模式进行编译，因为 OS 的内核（Kernel）代码必须运行在管理员模式下。

（3）清除目标和链接输出文件：launch.bat clean。

若要修改样例工程的 MCAL 配置，可以按照本节前面介绍的方法和步骤打开 EB Tresos 配置工程，修改 MCAL 底层模块配置之后，选择"Project"→"Generate Project"命令将在 Tresos 工程目录下的 workspace\[project]\output\include 下生成修改后的配置，将其复制到样例工程的\cfg\include 目录下（若用户增加了 MCAL 组件模块，则需要将 workspace\[project]\output\src 目录下生成的相应组件模块的配置源文件也复制到样例工程的\cfg\src 目录下，并修改样例工程根目录下的 Modules.mak 文件，增加相应的模块），重新编译工程即可。

图 6-15 所示为修改样例工程外部晶振频率的操作示意（Mcu→McuSOSCClockConfig）。

4．S32K14x MCAL 样例工程编译器、汇编器、链接器选项配置

S32K14x MCAL 样例工程支持 IAR、GreenHills Multi（GHS）和 GCC（LINARO）等工具链，相应的编译器、汇编器和链接器的选项配置如下。

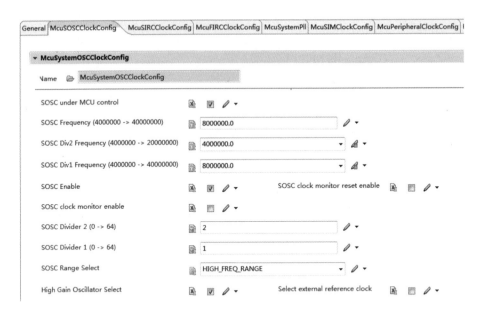

图 6-15 修改样例工程外部晶振频率

1）IAR 编译器、汇编器、链接器选项配置

IAR 编译器、汇编器、链接器选项配置说明分别如表 6-1、表 6-2 和表 6-3 所示。

表 6-1 IAR 编译器选项配置

选 项	描 述
--cpu=Cortex-M4	选择目标处理器为 ARM Cortex M4
--cpu_mode=thumb	选择生成执行 Thumb 状态的指令
--endian=little	选择内核的模式为小端模式
-O hz	设置优化等级为高（High），偏好为大小（Size）优先
-c	每个模块生成一个目标文件（输入文件名.o）
--no_clustering	关闭静态簇优化
--no_mem_idioms	设置编译器不对清除、设置或者复制存储器区域的代码序列进行优化
--no_explicit_zero_opt	将初始化为 0 的变量放置在数据（.data）段而不是初始化（.bss）段
--debug	设置编译器包含目标模块信息
--diag_suppress=Pa050	关闭非标准行结束的诊断信息（Warnings）
-D AUTOSAR_OS_NOT_USED	-D：定义预处理符号，且可以设置为某一个特定值；AUTOSAR_OS_NOT_USED：在本包中默认驱动不会使用 AUTOSAR OS 一起编译；如果驱动需要与 AUTOSAR OS 一起使用，这个编译选项必须去掉

续表

选　项	描　述
-D IAR	-D：定义预处理符号且可以设置为某一特定值。这里定义了 IAR 这一预处理符号
--require_prototypes	强制编译器校验所有的函数都由合适的原型定义
--no_wrap_diagnostics	关闭编译器产生的诊断信息行包装（wrapping）
--no_system_include	关闭自动搜索系统包含文件
-e	使能语言扩展。这个选项对于使用 _packed 结构体的 FSL 驱动是必需的

表 6-2　IAR 汇编器选项配置

选　项	描　述
--cpu=Cortex-M4	选择目标处理器为 ARM Cortex M4
--cpu_mode=thumb	选择生成执行 Thumb 状态的指令
-g	使用这一选项关闭自动搜索系统包含文件

表 6-3　IAR 链接器选项配置

选　项	描　述
--cpu=Cortex-M4	选择目标处理器为 ARM Cortex M4
--map filename	生成一个 map 文件
--no_library_search	关闭自动运行时库搜索
--entry_start	将符号 _start 作为根符号，并作为应用程序的复位向量
--enable_stack_usage	使能堆栈使用分析
--skip_dynamic_initialization	跳过系统启动时的动态初始化
--no_wrap_diagnostics	关闭编译器产生的诊断信息行包装（Wrapping）
--config	指定链接器使用的配置文件

2）GHS 编译器、汇编器、链接器选项配置

GHS 编译器、汇编器、链接器选项配置说明分别如表 6-4、表 6-5 和表 6-6 所示。

表 6-4　GHS 编译器选项配置

选　项	描　述
--cpu=Cortex-M4	选择目标处理器为 ARM Cortex M4
-ansi	使用扩展 ANSI C，该模式下使用某些有用的且兼容的结构体扩展 ANSI X3.159-1989 标准
-O size	优化目标为代码尺寸（占用存储器大小）

选　项	描　述
-dual_debug	使能在目标文件中生成 DWARF、COFF 或 BSD 格式的调试信息
-G	生成源代码级的调试信息，并且运行从调试器控制行调用程序
--no_exceptions	关闭异常处理支持
-W undef	对预处理表达式中未定义的符号生成警告
-W implicit-int	如果函数在调用之前未声明将生成警告
-W shadow	声明同名的局部变量和全局变量时生成警告
-W trigraphs	使用三字母词时生成警告
-W all	使能关于存疑的结构体和易于避免的联合宏定义
--prototype_errors	无原型定义的函数调用和引用生成警告
--incorrect_pragma_warnings	验证错误语法的#pragma指令被视作警告
-noslashcomment	C++类型的注释将生成兼容性错误
-preprocess_assembly_files	预处理汇编文件
-nostartfile	不使用启动文件
--short_enum	使用最小可能的类型保存枚举量
-c	为每个源文件生成单独的目标文件
--no_commons	为初始化的全局变量分配一个段，并在程序启动过程中将其初始化为 0
-keeptempfiles	保护使用后的临时文件不被删除，如果编译器创建了汇编语言文件，本选项将其放在当前目录而非临时目录
-list	使用目标文件名创建.lst 扩展名的列表文件（针对汇编器）
-D DAUTOSAR_OS_NOT_USED	-D：定义预处理符号，且可以设置为某一特定值；AUTOSAR_OS_NOT_USED：在本包中默认驱动不会使用 AUTOSAR OS 一起编译。如果驱动需要与 AUTOSAR OS 一起使用，这个编译选项必须去掉
-D DABLE_MCAL_INTERMODULE_ASR_CHECK	-D：定义预处理符号，关闭 AR_RELEASE 的内部模块版本检查；DISABLE_MCAL_INTERMODULE_ASR_CHECK：本包中默认按照 AUTOSAR BSW004 的要求在编译时进行内部模块版本检查
-D GHS	-D：定义预处理符号，且可以设置为某一特定值。这个选项定义 GHS 预处理符号

表 6-5　GHS 汇编器选项配置

选　项	描　述
-cpu=Cortex-M4	选择目标处理器为 ARM Cortex M4
-c	为每个源文件生成单独的目标文件
-preprocess_assembly_files	预处理汇编文件
-asm=list	使用目标文件名的.lst 扩展名文件产生清单（汇编器选项）

表 6-6　GHS 链接器选项配置

选　项	描　述
-M n	map 文件数字编号
-delete	将未用到或未使用的函数从可执行文件中删除
-v	显示删除的未使用函数
-ignore_debug_reference	忽略从 DWARF 调试段重定向
-map	生成详细的 map 文件
-keepmap	链接错误时依然保留 map 文件
-lstartup	链接 libstartup 库运行时启动函数
-lsys	链接 libsys 库运行时环境系统函数
-larch	链接 libarch 库目标特定运行时支持，GHS 编译器生成的文件取决于此库中的符号
-lansi	链接 libansi 库——标准 C 语言库
-L（/lib/thumb2）	链接 thumb2 库
-lutf8_s32	包含 utf8_s32.a 以使用宽字符函数

3）LINARO GCC 编译器、汇编器、链接器选项配置

LINARO GCC 编译器、汇编器、链接器选项配置说明分别如表 6-7、表 6-8 和表 6-9 所示。

表 6-7　LINARO GCC 编译器选项配置

选　项	描　述
-c	为每个源文件生成单独的目标文件
-O 1	优化。-O：编译器常数减少代码长度，缩短运行时间，不用花费大量编译时间
-ggdb3	生成 GDB 使用的调试信息，等级 3 包含额外的信息，如应用程序中的宏定义
--cpu=Cortex-M4	选择目标处理器为 ARM Cortex M4
-mthum	选择生成执行 Thumb 状态的指令
-mlittle-endian	为处理器生成小端模式的代码
-fomit-frame-pointer	为所有函数移除让调试更加困难的帧指针
-mhard-float	使用硬件浮点数指令

续表

选项	描述
-fno-common	指定编译器将全局未初始化变量生成到数据段而非 common 区
-W all	使能关于存疑的结构体和易于避免的联合宏定义
-W extra	使能选项 "-W all" 未使能的其他警告标志
-W strict-prototypes	如果函数定义或声明时未使用参数类型则生成警告
-W no-sign-compare	当有符号和无符号值比较时，有符号值转换为无符号值将产生不正确的结果，不生成警告
-D AUTOSAR_OS_NOT_USED	-D：定义预处理符号，且可以设置为某一特定值；AUTOSAR_OS_NOT_USED：在本包中默认驱动不会使用 AUTOSAR OS 一起编译。如果驱动需要与 AUTOSAR OS 一起使用，这个编译选项 "-D AUTOSAR_OS_NOT_USED" 必须去掉
-D LINARO	-D：定义预处理符号，且可以设置为某一特定值。这里定义 LINARO 预处理符号
-fstack-usage	在每个函数的基础上，产生额外的文件，指示栈的最大使用量
-fdump-ipa-all	使能所有的内部处理分析 dump
-W error=implicit-function-declaration	当函数原型未定义时产生错误

表 6-8　LINARO GCC 汇编器选项配置

选项	描述
--cpu=Cortex-M4	选择目标处理器为 ARM Cortex M4
-c	为每个源文件生成单独的目标文件
-mthumb	此选项汇编器使用 Thumb 指令
-x assembler-with-cpp	指示汇编代码包含 C 定向和 C 预处理器也可以运行

表 6-9　LINARO GCC 链接器选项配置

选项	描述
-Map=filename	打印链接存储器映射到 map 文件
-T scriptfile	使用脚本文件作为链接脚本，该脚本取代默认的链接脚本（而非增加），所以该文件必须制定输出文件所需的必要规则和命令

　　用户想要修改或者增加编译选项配置，可以根据自己的需要修改样例工程目录下 make 文件夹中不同编译器目录下的 makefile 文件。

5．下载和调试 S32K14x MCAL 样例工程

在编译成功生成 elf 文件之后，就可以使用调试器将其下载到目标 MCU 进行调试了。本样例工程根目录下的 bin 文件中已经提供了使用劳德巴赫（Lauterbach Debugger）作为调试器下载和调试编译结果 elf 文件的脚本文件——run.cmm（编译结果链接到 Flash 中，掉电后程序不丢失）和 run_ram.cmm（编译结果链接到 RAM 中，掉电后程序丢失），安装好劳德巴赫调试器上位机软件，并正确连接 S32K144EVB-Q100 评估板之后，双击 run.cmm 或者 run_ram.cmm 即可启动调试。

由于 elf 文件中已经包含了所有的 Flash 编程数据／程序和调试信息，所以，用户也可以使用 S32DS for ARM 作为调试器上位机软件，使用板载的 OpenSDA 或者 P&E U-Multilink 或者 J-Link，调试本样例工程。具体的操作步骤，请用微信扫描下方二维码，关注微信公众号"汽车电子 expert 成长之路"，如图 6-16 所示。

图 6-16　"汽车电子 expert 成长之路"微信公众号二维码

然后，阅读以下公众号文章：

● 《S32DS 使用 Tips——使用 Flash from file 下载 S19 或 elf 文件》；

● 《S32DS 使用 Tips——如何配置和使能 Attach 功能定位软件程序 Bug 和完成 Bootloader 与应用程序工程的联合调试》。

6.2 工程详解

6.2.1 启动代码

我们都知道芯片在运行应用程序指令之前，首先会对芯片做一些硬件和系统的初始化，如堆栈指针、RAM 空间、变量初始化等，这部分代码被称为启动代码。启动代码通常在芯片上电后立即执行，对于 MCAL 架构来讲就是要在 MCU 驱动模块初始化之前完成，启动代码要求完成芯片特殊的初始化功能，这些工作不属于任何 MCAL 驱动模块，下面列出了 MCAL 规范对启动代码完成功能的建议。

（1）启动代码应完成中断向量表的初始化。

（2）启动代码应完成堆栈的初始化。

（3）如芯片支持 Context Save 操作，启动代码应完成用于 Context Save 操作的存储器空间。

（4）启动代码应确保 MCU 内部看门狗处于关闭状态，内部看门狗的初始化应由 MCAL Watchdog 驱动部件完成。

（5）如 MCU 支持数据 / 代码缓存，必须在启动代码中完成初始化。

（6）启动代码应完成 MCU 内部存储器相关的初始化功能，如内存保护等。

（7）如使用外部存储器，存储器应在启动代码中初始化。

（8）启动代码应完成 MCU 默认时钟配置的初始化。

（9）如芯片支持，启动代码应使能特殊功能寄存器的保护机制。

（10）启动代码应初始化必要的一次只写寄存器（Write Once Register）。

（11）启动代码应初始化 RAM 空间，以保证正确执行 MCU 驱动。

以上就是 MCAL 规范对于启动代码的功能建议，需要注意的是启动代码依赖于 ECU 的功能及 MCU 的性能。接下来，具体看一下本章使用的 S32K144 样例工程中启动代码都做了哪些事情。

1．初始化内核通用寄存器

```
mov    r0, #0
mov    r1, #0
mov    r2, #0
mov    r3, #0
mov    r4, #0
mov    r5, #0
mov    r6, #0
mov    r7, #0
```

2．初始化中断向量表的基地址

```
/* relocate vector table to RAM */
ldr    r0, =VTOR_REG
ldr    r1, =VTABLE
str    r1,[r0]
```

3．初始化用户堆栈

```
/* set up stack; r13 SP*/
ldr    r0, =_Stack_start
msr   MSP, r0
```

4．关闭 Watchdog

```
ldr    r0, =0x40052004
ldr    r1, =0xD928C520
ldr    r2, =0x40052008
ldr    r3, =0x0000FFFF
ldr    r4, =0x40052000
ldr    r5, =0x00002120

str    r1, [r0]    /* SD:0x40052004 = 0xD928C520    Unlock */
str    r3, [r2]    /* SD:0x40052008 = 0xD928        maximum timeout value*/
str    r5, [r4]    /* SD:0x40052000 = 0x2120        disable WDG */
```

5. 系统初始化

```
bl SystemInit
```

6. RAM 初始化

```
#ifndef SINTRAM    /* SINTRAM defined by compiler option -DSINTRAM only for
INTRAM build */
/**********************/
/* Erase ".sbss Section" */
/**********************/
/**********************/
/* Erase ".bss Section" */
/**********************/

/* Zero fill the bss segment */
    ldr   r2, =INT_SRAM_START
    ldr   r4, =INT_SRAM_END
    mov  r3, #0
FillZerobss:
    str   r3, [r2]
    add  r2, r2, #4
    cmp  r2, r4
    bcc  FillZerobss


/**********************/
/* Erase ".bss_no_cacheable Section" */
/**********************/
/* Zero fill the bss segment */
    ldr   r2, =BSS_NO_CACHEABLE_SRAM_START
    ldr   r4, =BSS_NO_CACHEABLE_SRAM_SIZE
    mov   r3, #0

FillZeroBssNoCacheable:
    str   r3, [r2]
    add  r2, r2, #4
    sub  r4, r4, #1
```

```
    cmp   r4, #0
    bgt   FillZeroBssNoCacheable

/****************************************************************/
/* Copy   initialized data from Flash to SRAM                   */
/****************************************************************/
/*****************/
/* .PPC.EMB.sdata0 */
/*****************/


/*********/
/* .sdata */
/*********/


/***********/
/* .data */
/***********/
/* nothing will be copied for linaro linker */
    ldr    r3, = RC_DATA_SIZE
    ldr    r2, = RC_DATA_SRC
    ldr    r4, = RC_DATA_DEST
CopyRamData:
    ldr    r5, [r2]
    str    r5, [r4]
    add    r2, r2, #4
    add    r4, r4, #4
    sub    r3, r3, #1
    cmp    r3, #0
    bgt    CopyRamData


/********************/
/* .data_no_cacheable */
/********************/
/* nothing will be copied for linaro linker */
    ldr    r3, = RC_DATA_NO_CACHEABLE_SIZE
    ldr    r2, = RC_DATA_NO_CACHEABLE_SRC
```

```
        ldr    r4, = RC_DATA_NO_CACHEABLE_DEST
CopyRamDataNoCacheable:
        ldr    r5, [r2]
        str    r5, [r4]
        add    r2, r2, #4
        add    r4, r4, #4
        sub    r3, r3, #1
        cmp    r3, #0
        bgt    CopyRamDataNoCacheable


/************/
/* .ramcode */
/************/
        ldr    r3, = RC_RAMCODE_SIZE
        ldr    r2, = RC_RAMCODE_SRC
        ldr    r4, = RC_RAMCODE_DEST
CopyRamCode:
        ldr    r5, [r2]
        str    r5, [r4]
        add    r2, r2, #4
        add    r4, r4, #4
        sub    r3, r3, #1
        cmp    r3, #0
        bgt    CopyRamCode


/****************/
/* .intc_vector */
/****************/
        ldr    r3, = RC_INTC_VECTOR_SIZE
        ldr    r2, = RC_INTC_VECTOR_SRC
        ldr    r4, = RC_INTC_VECTOR_DEST
CopyRamVector:
        ldr    r5, [r2]
        str    r5, [r4]
        add    r2, r2, #4
        add    r4, r4, #4
```

```
        sub   r3, r3, #1
        cmp   r3, #0
        bgt   CopyRamVector
#endif
```

7. 跳转至 Main 函数

```
        bl startup_go_to_user_mode
        bl main
```

6.2.2　Main 函数详解

运行完启动代码后程序进入 Main 函数，如前文所述，本样例工程使用了 MCU、GPT、WDG、MCL、PORT、FEE、ADC、CAN、FLS、LIN、ICU、SPI 等驱动模块。表 6-10 列出了在 Main 函数中调用的函数及其功能，在后面的章节中，我们会对外设初始化、中断使能、Task1/2/3 进行讲解。

表 6-10　Main 函数中调用的函数及其功能

函　　数	功能介绍

`#ifdef D_CACHE_ENABLE`
`/*init Data caches*/`
`   m4_cache_init(SYS_CACHE);`
`#endif`
	初始化数据缓存

`#ifdef I_CACHE_ENABLE`
`/*init Code caches*/`
`   m4_cache_init(CODE_CACHE);`
`#endif`
	初始化指令缓存

`#if (USE_MCU_MODULE==STD_ON)`
`   Mcu_Init(&McuModuleConfiguration);`
`   Mcu_InitClock(McuClockSettingConfig_0);`
`   while ( MCU_PLL_LOCKED != Mcu_GetPllStatus() )`
`   {`
`   /* wait until all enabled PLLs are locked */`
`   }`
`   /* switch system clock tree to PLL */`
`   Mcu_DistributePllClock();`
`#endif`
	MCU 驱动模块初始化
	时钟初始化
	等待 PLL 锁相
	使能 PLL

`#if (USE_GPT_MODULE==STD_ON)`
`   Gpt_Init(&GptChannelConfigSet);`
`#endif`
	初始化 GPT 驱动模块

续表

函　数	功能介绍

``#if (USE_WDG_MODULE==STD_ON)
  Wdg_Init(&WdgSettingsConfigName);
  Wdg_SetMode(WDGIF_OFF_MODE);
#endif```
	初始化 WDG 驱动模块
	设置 WDG 模式为 OFF

```#if(USE_MCL_MODULE==STD_ON) Mcl_Init(&MclConfigSet); #endif```	初始化 MCL 模块
`SampleAppInitTask( p_stSampleAppData );`	应用程序初始化

``task = 1;
while (E_OK == ret)
{
  switch(task){
 	
  case 1:{
  /* call Task 1 */
  ret = SampleAppTask1(p_stSampleAppData);
  break;
  };
 	
  case 2:{
  /* call Task 2 */
  ret = SampleAppTask2(p_stSampleAppData);
  break;
  };
 	
  case 3:{
  /* call Task 3 */
  ret = SampleAppTask3(p_stSampleAppData);
  break;
  };
 	
  default:{
  task = 0;
  break;
  };
  }
task++;
}```
	主循环内的 3 个 SampleAppTask
	依次循环执行

``#if (SAMPLE_APP_USE_FEE == STD_ON)
  #if (USE_FEE_MODULE == STD_ON)
    Fee_MainFunction();
  #endif
  #if (USE_FLS_MODULE == STD_ON)
    Fls_MainFunction();
  #endif
#endif```
	FEE 驱动主函数
	FLS 驱动主函数

注：MCL 驱动模块是 S32K144 的特殊模块，属于 MCAL 复杂驱动的范畴，主要实现 S32K144 一些非 AUTOSAR 定义硬件单元的驱动，如 DMA、TriggerMuX 等。

6.2.3　外设初始化详解

从表 6-10 中能够看出 Main 函数在完成了基本驱动模块（MCU、GPT、WDG 和 MCL）的初始化后调用了函数 SampleAppInitTask()，这个函数实现了本样例中 Task1/2/3 所需模块的初始化和中断使能，下面具体来看一下这个函数对哪些驱动组件进行了初始化。

1．DEM 驱动

```
Dem_ReportErrorStatus(0, 0);
Dem_SetEventStatus(0, 0);
```

DEM 驱动是诊断事件管理器（Diagnostic Event Manager），负责处理、记录诊断事件（错误）及相关数据，DEM 会提供接口 Dem_ReportErrorStatus 给基本软件（BSW）层用于上报硬件驱动的错误。DEM 属于 AUTOSAR 软件架构中系统服务层（System Services），本书不做深入介绍。

2．DET 驱动

```
Det_Init();
Det_ReportError(0, 0, 0, 0);
Det_Start();
```

DET 驱动是开发错误跟踪模块（Development Error Trace），所有 BSW 层发现的开发错误都会上报至 DET 驱动。DET 属于 AUTOSAR 软件架构中系统服务层（System Services），在本书中不做深入介绍。

3．PORT 驱动

```
Port_Init(&PortConfigSetName);
```

前文已对 PORT 驱动做了详细介绍，这里不再展开。

4．ECUM 驱动

```
EcuM_SetWakeupEvent(0);
EcuM_ValidateWakeupEvent(0);
```

```
EcuM_CheckWakeup(0);
```

ECUM 驱动是 ECU 状态管理器（ECU State Manager），管理 ECU 模式和状态。ECUM 确定是否初始化 OS、SchM、BswM 及 BSW 层的各组件，设置 ECU 进入休眠或关闭状态，管理 ECU 各个唤醒时间等。ECUM 属于 AUTOSAR 软件架构中系统服务层（System Services），在本书中不做深入介绍。

5. FEE 驱动

```
Fls_Init(pstSampleAppData->stFeeData.pFlsDriverConfig);
Fee_Init(NULL_PTR);
```

FEE 驱动是 Flash 模拟 EEPROM 驱动模块。EEPROM（Electrically Erasable Programmable Read Only Memory，电可擦可编程只读存储器）可以 Byte 或 Word 为单位进行编程和擦除，因其灵活的擦写特性被广泛应用于汽车电子领域存储相关变量数据。而对于没有 EEPROM 存储器的 MCU，Flash 可以用来以软件方式模拟 EEPROM 的功能。FEE 驱动既可以实现对可变长度区块（Variable-Length Block）的存储，以及对模拟 EEPROM 区块的读、写、擦除和验证等功能，又可为上层软件提供虚拟的地址映射，以及虚拟的无限擦写次数。

FEE 驱动组件分配了指定的 FEE 集群组（FEE Cluster Group）存储每个 FEE 区块，每个 FEE 集群组由两个以上的 FEE 集群（FEE Cluster）构成，而每个 FEE 集群由至少 1 个 Flash 逻辑扇区构成（分配给 FEE 使用的 Flash 逻辑扇区需要在 FLS 驱动组件中配置），图 6-17 给出了 FEE 驱动模拟 EEPROM 使用 Flash 物理资源的映射关系。

FEE 驱动对存储器的操作（读、写等操作）都是异步方式，相应地，API 将参数传给驱动内部的数据结构后立即返回，驱动内部状态机则会执行当前任务，这些行为都是在 FEE 和 FLS 的主函数 Fee_MainFunction()和 Fls_MainFunction()中执行的，应用程序需要反复调用这两个主函数，这就是在上一节介绍的 Main 函数主循环中要调用 Fee_MainFunction() 和

Fls_MainFunction()的原因。由于 FEE 驱动会调用 FLS 驱动，因此，在配置
FLS 驱动组件时需要配置指定的回调函数，在本驱动中用的是如图 6-18 所
示的回调函数。

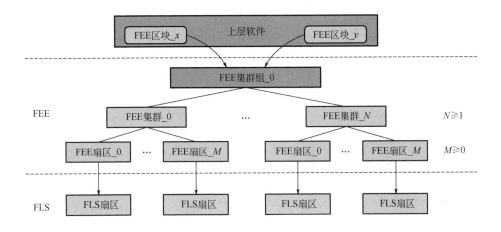

图 6-17　FEE 和 FLS 资源映射关系

图 6-18　FLS 驱动组件回调函数的配置

6. ADC 驱动

```
Adc_Init(pstSampleAppData->stAdcData.pAdcDriverConfig);
```

如前文所述，本样例工程使用 ADC0 通道 12 对 S32K144 开发板上的电
位器电压信号进行采样，采用软件触发、单次采样模式。ADC 驱动模块的配
置如图 6-19 所示。

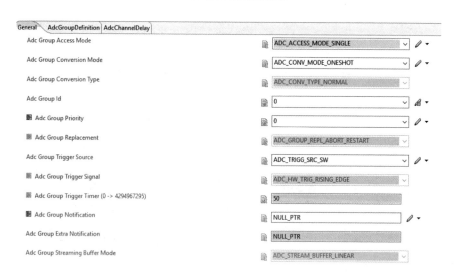

（a）ADC 硬件模块配置页面

（b）ADC 通道配置页面

（c）ADC 通道组配置页面

图 6-19　ADC 驱动模块的配置

7．CAN 驱动

Can_Init(&CanConfigSetName);

Can_DisableControllerInterrupts(pstSampleAppData->stCanData.controller);

Can_SetControllerMode(pstSampleAppData->stCanData.controller, CAN_T_START);

本样例工程使用 FlexCAN0、Loop-Back 模式，CAN 驱动模块的配置页面如图 6-20 所示。

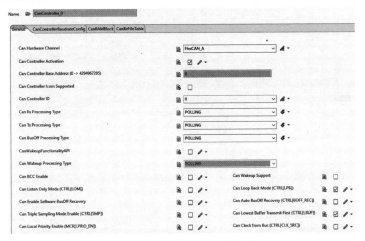

（a）CANController 配置页面

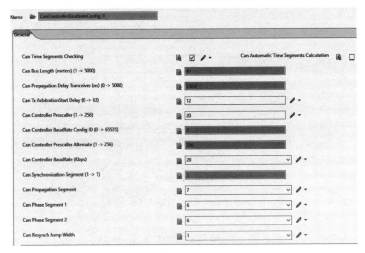

（b）CanControllerBaudrateConfig 配置页面

图 6-20　CAN 驱动模块的配置

（c）CanHardwareObject 配置页面

图 6-20 CAN 驱动模块的配置（续）

8. ICU 驱动

```
Icu_Init(pstSampleAppData->stIcuData.pIcuDriverConfig);
```

如第 4 章所述，ICU 驱动实现 MCU 对信号的输入捕获。S32K MCAL 实现了如下功能：

- 测量信号高低电平的时间。
- 测量信号占空比。
- 测量信号周期。
- 边沿检测及其事件通知。
- 边沿计数。
- 边沿时间戳。

S32K 芯片中能够作为输入捕获的硬件模块有 FlexTimer、Port、LPTMR 和 LPIT。本样例工程使用 FlexTimer0 模块的通道 6，检测 PWM 驱动产生的 PWM 信号占空比。ICU 驱动模块的配置如图 6-21 所示。

9. SPI 驱动

```
Spi_Init(pstSampleAppData->stSpiData.pSpiDriverConfig);
Spi_SetAsyncMode(SPI_INTERRUPT_MODE);
```

本样例工程使用 LPSPI0，采用异步方式进行通信，EB Tresos 的 SPI 总线通信配置方法详见 5.4 节。

10. PWM 驱动

```
Pwm_Init(pstSampleAppData->stPwmData.pPwmDriverConfig);
```

本样例工程使用 FlexTimer0 通道 2 产生 PWM 信号，其驱动组件的配置方法详见 5.3 节。

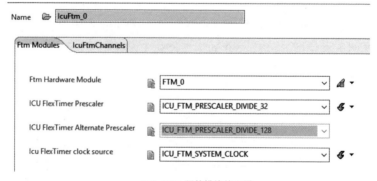

（a）ICU 逻辑通道的配置

（b）FTM 硬件模块的配置

图 6-21　ICU 驱动模块的配置

IcuFtmChannels

Name　📂　| IcuFtmChannels_0 |

Ftm Channels

Ftm Channel	📄	CH_6	✓	✎ ▾
Icu FlexTimer - Input Filter value (0 -> 15)	📄	0		✎ ▾
IcuFreezeEnable	📄	☑ ✎ ▾		

（c）FTM 通道配置页面

图 6-21　ICU 驱动模块的配置（续）

6.2.4　中断使能详解

在完成以上相关外设配置和初始化之后，程序调用了函数 SampleApp_Int_Init()，该函数完成中断服务函数的加载和初始化。接下来，以 GPT 驱动模块为例讲解在 MCAL 驱动中的中断使能，以及中断服务函数的实现过程。

1. 中断服务函数及事件通知机制

表 6-11 所示为 GPT 驱动使用的中断服务函数和对应的中断号。

表 6-11　GPT 驱动使用的中断服务函数和对应的中断号

硬件模块	中断服务函数	中 断 号
FTM_0	ISR(FTM_0_CH_0_CH_1_ISR)	99
	ISR(FTM_0_CH_2_CH_3_ISR)	100
	ISR(FTM_0_CH_4_CH_5_ISR)	101
	ISR(FTM_0_CH_6_CH_7_ISR)	102

续表

硬件模块	中断服务函数	中 断 号
FTM_1	ISR(FTM_1_CH_0_CH_1_ISR)	105
	ISR(FTM_1_CH_2_CH_3_ISR)	106
	ISR(FTM_1_CH_4_CH_5_ISR)	107
	ISR(FTM_1_CH_6_CH_7_ISR)	108
FTM_2	ISR(FTM_2_CH_0_CH_1_ISR)	111
	ISR(FTM_2_CH_2_CH_3_ISR)	112
	ISR(FTM_2_CH_4_CH_5_ISR)	113
	ISR(FTM_2_CH_6_CH_7_ISR)	114
FTM_3	ISR(FTM_3_CH_0_CH_1_ISR)	117
	ISR(FTM_3_CH_2_CH_3_ISR)	118
	ISR(FTM_3_CH_4_CH_5_ISR)	119
	ISR(FTM_3_CH_6_CH_7_ISR)	120
FTM_4	ISR(FTM_4_CH_0_CH_1_ISR)	123
	ISR(FTM_4_CH_2_CH_3_ISR)	124
	ISR(FTM_4_CH_4_CH_5_ISR)	125
	ISR(FTM_4_CH_6_CH_7_ISR)	126
FTM_5	ISR(FTM_5_CH_0_CH_1_ISR)	129
	ISR(FTM_5_CH_2_CH_3_ISR)	130
	ISR(FTM_5_CH_4_CH_5_ISR)	131
	ISR(FTM_5_CH_6_CH_7_ISR)	132
FTM_6	ISR(FTM_6_CH_0_CH_1_ISR)	135
	ISR(FTM_6_CH_2_CH_3_ISR)	136
	ISR(FTM_6_CH_4_CH_5_ISR)	137
	ISR(FTM_6_CH_6_CH_7_ISR)	138
FTM_7	ISR(FTM_7_CH_0_CH_1_ISR)	141
	ISR(FTM_7_CH_2_CH_3_ISR)	142
	ISR(FTM_7_CH_4_CH_5_ISR)	143
	ISR(FTM_7_CH_6_CH_7_ISR)	144

硬件模块	中断服务函数	中 断 号
LPIT_0	ISR(LPIT_0_CH_0_ISR)	48
	ISR(LPIT_0_CH_1_ISR)	49
	ISR(LPIT_0_CH_2_ISR)	50
	ISR(LPIT_0_CH_3_ISR)	51
LPTMR_0	ISR(LPTMR_0_CH_0_ISR)	58
SRTC_0	ISR(Gpt_SRTC_0_Ch_0_ISR)	46

　　如前文所述，本样例工程在 GPT 驱动模块中配置了 LPIT CH0 产生周期为 1s 的定时中断，并在通知函数中实现对 LED 驱动电平的翻转。在 GPT 驱动模块中找到中断服务函数 LPIT_0_CH_0_ISR，并层层追溯代码发现，在中断处理的底层函数 Gpt_ProcessCommonInterrupt() 中调用了事件通知函数（如果已使能），该事件通知函数指针是由用户在 EB Tresos 中配置的，详见下文该函数代码。由此可知，MCAL 驱动的中断服务函数中已完成了对中断处理的常规操作，同时开放事件通知（Notification）机制供用户或上层软件使用。本样例在 EB Tresos 中配置 GptNotification 函数为 SampleAppGptLed，也就是说，当 LPIT 计数器产生中断时，进入 LPIT_0_CH_0_ISR 服务函数中调用 SampleAppGptLed 事件通知函数完成用户指定的操作，配置页面和代码请参见 5.2 节。

```
FUNC(void,GPT_CODE) Gpt_ProcessCommonInterrupt(VAR(uint8,AUTOMATIC)
u8MapTableIndex)
{
    VAR(Gpt_ChannelType, AUTOMATIC) channel;

    if (Gpt_pConfig != NULL_PTR)
    {
        /* Extract the logical channel from the hardware to logic map table */
        channel = Gpt_pConfig->Gpt_aHw2LogicChannelMap[u8MapTableIndex];
```

```
            /*Stop the timer for one-shot mode*/
            if (GPT_CH_MODE_ONESHOT ==
            (*(Gpt_pConfig->Gpt_pChannelConfig))[channel].Gpt_eChannelMode)
            {
                /*Stop channel*/
                Gpt_Ipw_StopTimer(&((*(Gpt_pConfig->Gpt_pChannelConfig))[channel].
                Gpt_HwChannelConfig));
                /* Change the channel status to expired */
                Gpt_aChannelInfo[channel].eChannelStatus = GPT_STATUS_EXPIRED;
            }
#if (GPT_ENABLE_DISABLE_NOTIFICATION_API == STD_ON)
            if((GPT_MODE_NORMAL==Gpt_eMode)&&
            ((boolean)TRUE== Gpt_aChannelInfo[channel].bNotificationEnabled))
            {
                (*(Gpt_pConfig->Gpt_pChannelConfig))[channel].Gpt_pfNotification();
            }
#endif

#if (GPT_WAKEUP_FUNCTIONALITY_API == STD_ON)
    #if (GPT_REPORT_WAKEUP_SOURCE == STD_ON)
            if ((GPT_MODE_SLEEP==Gpt_eMode)&&
            ((boolean)TRUE== Gpt_aChannelInfo[channel].bWakeupEnabled))
            {
                Gpt_aChannelInfo[channel].bWakeupGenerated =(boolean)TRUE;
                EcuM_CheckWakeup((*(Gpt_pConfig->Gpt_pChannelConfig))[channel].
                Gpt_uWakeupSource);
            }
    #endif
#endif
    }
    return;
}
```

2．中断服务函数的加载

如前文所述，使用中断之前需要先将其使能，并加载中断服务函数，本样例在 SampleAppInitTask()中完成了中断服务函数的加载和使能。

```
/* Gpt interrupts*/
/* GPT_LPIT_0_CH_0_ISR_USED */
sys_enableIsrSource(48, 0x70);
sys_registerIsrHandler(48,(uint32)&LPIT_0_CH_0_ISR);

/* Gpt interrupts*/
/* GPT_LPIT_0_CH_1_ISR_USED */
sys_enableIsrSource(49, 0x70);
sys_registerIsrHandler(49,(uint32)&LPIT_0_CH_1_ISR);
```

6.2.5　Task1 任务详解

Task1 实现的功能是对 WDG 和 GPT 的控制，用户或上层软件通过触发条件（Trigger Condition）机制控制看门狗的行为：只要触发条件有效，WDG 驱动模块会持续对硬件看门狗模块服务（通常所说的"喂狗操作"）；一旦触发条件无效，WDG 驱动模块则停止服务而导致看门狗超时。所谓触发条件，就是设置一段以"ms"为单位的时间长度，可以理解为"在未来的 N 个单位时间长度内允许对看门狗服务"，在这段时间内 WDG 驱动模块根据 GPT 配置的时间进行"喂狗"操作，在此期间如触发条件被更新，WDG 驱动模块则继续服务，如到达触发条件规定的时间且未更新，WDG 驱动模块则停止服务看门狗，进而造成看门狗复位芯片超时。

本样例使用 GPT 驱动 LPIT_0_CH_1 作为触发看门狗定时器，这里注意需要指定该通道的事件通知函数为 Wdg_Cbk_GptNotification0,这个函数实现的是触发看门狗的操作，其在 EB Tresos 的配置如图 6-22 所示。

GptChannelConfiguration

Name   GptChannelConfiguration_WdgTrig

General

GptChannelId (0 -> 4294967295)	1	
GptHwChannel	LPIT_0_CH_1	
GptChannelMode	GPT_CH_MODE_CONTINUOUS	
GptChannelTickFrequency (0 -> 160000000)	4000000.0	
■ GptFtmPrescaler	1	
■ GptFtmPrescaler_Alternate	1	
■ GptLptmrPrescaler	2	
■ GptLptmrPrescaler_Alternate	2	
GptChannelClkSrcRef	/Gpt/Gpt/GptDriverConfiguration/GptClockReferencePoint_0	

■ GptLPitTriggerChannels	Channel_0_Trigger_Source	
GptChannelTickValueMax (0xffff -> 0x100000000)	0xffffffff	
GptFreezeEnable	☑	GptEnableWakeup ☐
■ GptNotification	Wdg_Cbk_GptNotification0	

图 6-22   GPT 驱动配置触发看门狗定时器通道

图 6-23 所示为 Task1 的程序流程，为了保证 FEE 操作 Flash 过程不被意外复位打断，在使能看门狗计时之前应确保 FEE 操作已结束。看门狗开始计时后，如按键 SW2 没有被按下，则不点亮红色的 LED，设置 WDG 触发时间为 3000ms；如按键 SW2 被按下，则红色的 LED 被点亮，同时设置 WDG 触发条件为 0ms，等看门狗超时后复位芯片。

6.2.6   Task2 任务详解

1．SPI 任务详解

本样例实现简单的 SPI 数据传输，将 SIN 和 SOUT 引脚连接起来，实现收发数据比较。图 6-24 和图 6-25 所示为 SPI 任务状态机转换和 SPI_TX_PENDING_STATE 状态下的程序流程，程序在 SPI_TRANSMIT_STATE 状态下发起 SPI 数据传输，在 SPI_TX_PENDING_STATE 状态下进行数据的接收和比较。

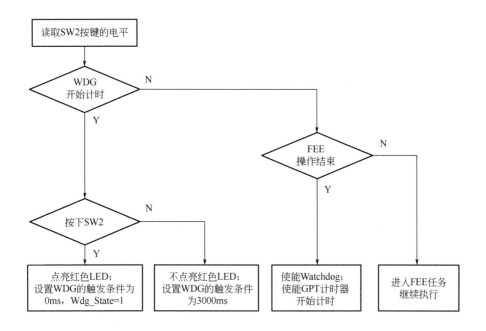

图 6-23　Task1 程序流程

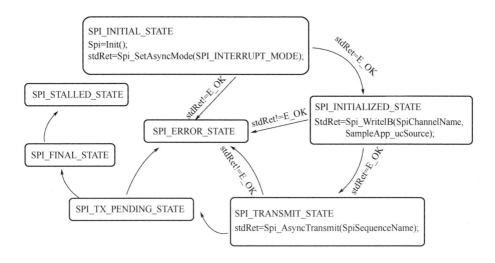

图 6-24　SPI 任务状态机转换

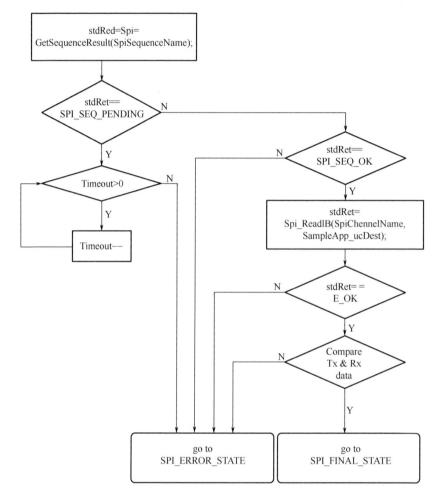

图 6-25　SPI_TX_PENDING_STATE 状态下的程序流程

2．CAN 任务详解

同样地，CAN 任务可利用 FlexCAN Loop-Back 功能实现对收发数据的比较，图 6-26 所示为 CAN 任务的状态机转换，如果发送或接收方式配置为轮询（Polling），则需要调用 CAN 主函数 Can_Mainfunction_Write() 或 Can_Mainfunction_Read()。通常 CAN 驱动会被上层软件 CANIF（CAN Interface）驱动调用，相应的接口函数也是由 CANIF 驱动实现的。

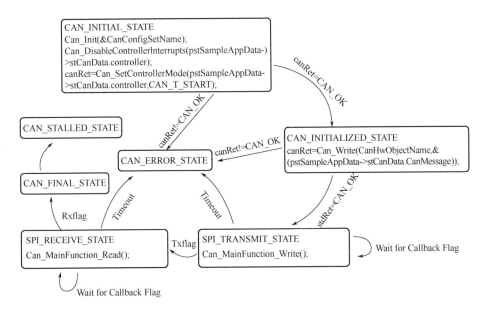

图 6-26 CAN 任务状态机转换

■ 6.2.7 Task3 任务详解

ADC 采样电位器电压信号，采样结果用于配置 PWM 信号占空比，进而控制蓝色 LED 的亮度；同时，ICU 驱动模块测量 PWM 信号的占空比，并与 ADC 采样结果进行比较。图 6-27 所示为 3 个驱动模块的工作流程，有助于读者更直观地理解相关过程。

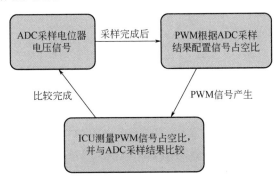

图 6-27 ADC、PWM、ICU 驱动模块工作流程

具体到 ICU 驱动任务，图 6-28 所示为 ICU 任务状态机转换。当 PWM 计数器达到预设值（PWM 信号产生后），ICU 开始进入 ICU_RUNNING_STATE 测量 PWM 产生信号的占空比，并与 ADC 采样结果比较，如采样结果在误差范围内，则进入 ICU_COMPLETE_STATE，完成一轮测量和比较，并设置 ADC、PWM、ICU 状态机重新进入 Initial 状态，进行下一轮测量。同样，为了使读者更加直观地理解样例程序代码，图 6-29 和图 6-30 也给出了 ADC 任务、PWM 任务状态机转换。

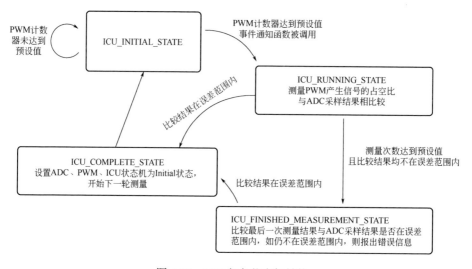

图 6-28　ICU 任务状态机转换

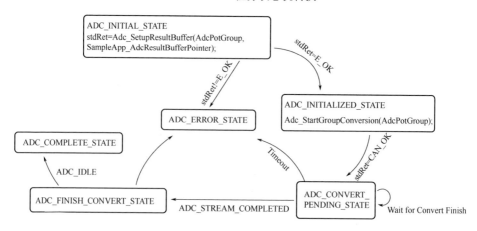

图 6-29　ADC 任务状态机转换

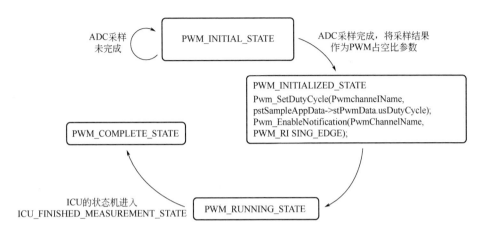

图 6-30　PWM 任务状态机转换

参 考 文 献

[1] AUTOSAR. Layered Software Architecture [EB/OL]. Available for download at https://www.autosar.org/fileadmin/user_upload/standards/classic/4-2/AUTOSAR_EXP_LayeredSoftwareArchitecture.pdf .

[2] AUTOSAR. Specification of MCU Driver [EB/OL]. Available for download at https://www.autosar.org/fileadmin/user_upload/standards/classic/4-2/AUTOSAR_SWS_MCUDriver.pdf.

[3] AUTOSAR. Specification of PORT Driver [EB/OL]. Available for download at https://www.autosar.org/fileadmin/user_upload/standards/classic/4-2/AUTOSAR_SWS_PortDriver.pdf.

[4] AUTOSAR. Specification of PWM Driver [EB/OL]. Available for download at https://www.autosar.org/fileadmin/user_upload/standards/classic/4-2/AUTOSAR_SWS_PWMDriver.pdf.

[5] AUTOSAR. Specification of ADC Driver [EB/OL]. Available for download at https://www.autosar.org/fileadmin/user_upload/standards/classic/4-2/AUTOSAR_SWS_ADCDriver.pdf.

[6] AUTOSAR. Specification of SPI Handler Driver [EB/OL]. Available for download at https://www.autosar.org/fileadmin/user_upload/standards/classic/4-2/AUTOSAR_SWS_SPIHandlerDriver.pdf.

[7] AUTOSAR. Specification of GPT Driver [EB/OL]. Available for download at https://www.autosar.org/fileadmin/user_upload/standards/classic/4-2/AUTOSAR_SWS_GPTDriver.pdf.

[8] AUTOSAR. Specification of CAN Driver [EB/OL]. Available for download at https://www.autosar.org/fileadmin/user_upload/standards/classic/4-2/AUTOSAR_SWS_

CANDriver.pdf.

[9] AUTOSAR. Specification of LIN Driver [EB/OL]. Available for download at https://www.autosar.org/fileadmin/user_upload/standards/classic/4-2/AUTOSAR_SWS_ LINDriver.pdf.

[10] AUTOSAR. Specification of Ethernet Driver [EB/OL]. Available for download at https://www.autosar.org/fileadmin/user_upload/standards/classic/4-2/AUTOSAR_SWS_ EthernetDriver.pdf.

[11] AUTOSAR. Specification of Communication [EB/OL]. Available for download at https://www.autosar.org/fileadmin/user_upload/standards/classic/4-2/AUTOSAR_SWS_ COM.pdf .

[12] AUTOSAR. Specification of Flash Driver [EB/OL]. Available for download at https://www.autosar.org/fileadmin/user_upload/standards/classic/4-2/AUTOSAR_SWS_ FlashDriver.pdf.

[13] AUTOSAR. Specification of EEPROM Driver [EB/OL]. Available for download at https://www.autosar.org/fileadmin/user_upload/standards/classic/4-2/AUTOSAR_SWS_ EEPROMDriver.pdf.

[14] AUTOSAR. Specification of Flash EEPROM Emulation [EB/OL]. Available for download at https://www.autosar.org/fileadmin/user_upload/standards/classic/4-2/AUTOSAR_SWS_ FlashEEPROMEmulation.pdf.

[15] NXP Semiconductors. S32K1xx Series Reference Manual [EB/OL]. 2018. Available for download at www.nxp.com/docs/en/reference-manual/S32K-RM.pdf.

[16] AUTOSAR 常见问题官方网页链接：https://www.autosar.org/faq/.

[17] AUTOSAR 标准经典平台官方网站资源汇总链接：https://www.autosar.org/standards/ classic-platform/.

[18] AUTOSAR 标准自适应平台官方网站资源汇总链接：https://www.autosar.org/standards/ adaptive-platform/.

[19] AUTOSAR标准基础官方网站资源汇总链接：https://www.autosar.org/standards/ foundation/.

[20] AUTOSAR 标准验收测试官方网站资源汇总链接：https://www.autosar.org/standards/acceptance-test/.

[21] AUTOSAR 标准应用程序接口官方网站资源汇总链接：https://www.autosar.org/standards/application-interface/.

[22] AUTOSAR 用户组列表官方网站链接：https://www.autosar.org/user-groups/.

[23] S32K1xx Series Safety Manual. Available for download at: https://www.nxp.com/docs/en/reference-manual/S32K1XXSM.pdf.

[24] Getting Started with CSEc Security Module [EB/OL]. Available for download at https://www.nxp.com/docs/en/application-note/AN5401.pdf.

反侵权盗版声明

电子工业出版社依法对本作品享有专有出版权。任何未经权利人书面许可，复制、销售或通过信息网络传播本作品的行为，歪曲、篡改、剽窃本作品的行为，均违反《中华人民共和国著作权法》，其行为人应承担相应的民事责任和行政责任，构成犯罪的，将被依法追究刑事责任。

为了维护市场秩序，保护权利人的合法权益，我社将依法查处和打击侵权盗版的单位和个人。欢迎社会各界人士积极举报侵权盗版行为，本社将奖励举报有功人员，并保证举报人的信息不被泄露。

举报电话：（010）88254396；（010）88258888

传　　真：（010）88254397

E-mail：　dbqq@phei.com.cn

通信地址：北京市万寿路 173 信箱
　　　　　电子工业出版社总编办公室

邮　　编：100036